〔第II版〕

リレーションシップ マーケティング

― サービス・インタラクション ―

岡山 武史 編著

五絃舎

はしがき

　本書はリレーションシップ・マーケティングの学習を進める初学者およびリレーションシップ・マーケティング研究のベースとして使用することを目的としている。

　特に初学者のために，できるだけ簡易な表現や企業の実例を取り入れることによって，理解を容易にするように執筆者のメンバーではある一定の合意形成し作成された。

　それぞれのメンバーの専門分野からリレーションシップ（関係性）について概説する。リレーションシップ・マーケティングが表立って議論されるようになってから数十年が経つが，常に実学として世の中の状況に合わせて対応させていく必要性を認識することが重要である。

　本書の執筆・編集にあたり，協力を賜ったメンバーの方々にはことにおいて感謝を申し上げたい。また五絃舎の長谷雅春氏には多大なご尽力をいただき，締切が押すなかでも制作にご協力をいただき，本書が形を成すことができた。心から感謝を申し上げたい。

2018 年 9 月

執筆者を代表して

岡山武史

目　次

第1章　リレーションシップ・マーケティング序論 ——————— 9
1. リレーションシップの基礎 ———————————————— 9
2. リレーションシップ・マーケティングの視点 ——————— 10
3. リレーションシップ・マーケティングの定義と進化 ——— 11
4. コミットメントと信頼 —————————————————— 12
5. リレーションシップと価値共創 ————————————— 13
6. 顧客変革の創造 ————————————————————— 14

第2章　リレーションシップ・マーケティングの起源と歴史 ——— 21
1. マーケティングの誕生とマーケティング論 ——————— 21
2. マーケティング論の起点 ———————————————— 22
3. リレーションシップ・マーケティングの登場と進展 ——— 24
4. 戦前阪急・小林一三のリレーションシップ ——————— 30

第3章　顧客満足と顧客ロイヤルティ戦略 ———————————— 35
1. 期待の不一致と顧客満足の関係 ————————————— 35
2. 顧客ロイヤルティの定義 ———————————————— 36
3. 顧客ロイヤルティの重要性 ——————————————— 38
4. 顧客満足とロイヤルティにおける内的関連性 —————— 40
5. 「究極の顧客経験」を創出する顧客ロイヤルティ戦略 ——— 43

第4章　サービス・インタラクションとリレーションシップ ——— 49
1. サービス・マーケティングの基本 ——————————— 49

6

　2．インターナル・マーケティング ——————————— 50

　3．インタラクティブ・マーケティング——————————— 51

　4．エクスターナル・マーケティング ——————————— 54

　5．サービス・コミュニケーション戦略 ————————— 55

　6．心に響くサービス−ユナイテッドアローズ− ——————— 58

第5章　顧客経験とリレーションシップ———————————— 61

　1．価値基準の変化———————————————————— 61

　2．経験価値 ———————————————————————— 62

　3．リレーションシップと価値共創——————————————— 67

　4．顧客接点と小売における顧客経験 ——————————— 68

　5．店内の顧客経験デザイン　—イケア・ジャパン—————— 71

第6章　ブランド・リレーションシップ—————————————— 75

　1．ブランドとは ————————————————————— 75

　2．消費者にとってのブランドと企業にとってのブランド ——— 76

　3．ブランド・リレーションシップとは——————————— 78

　4．ブランド・リレーションシップのダイナミズム ——————— 80

　5．ブランド・リレーションシップの強化——————————— 82

　6．ブランド・コミュニティ————————————————— 85

第7章　流通ネットワークにおけるリレーションシップ————— 89

　1．製販同盟の展開———————————————————— 89

　2．小売業者によるPB開発———————————————— 91

　3．チーム・マーチャンダイジングの取組み——————————— 95

　4．製販同盟におけるパワーと信頼——————————————— 97

目　次　7

第8章　ライブ・エンタテインメントと
リレーションシップ・マーケティング——————101
1. ライブ・エンタテインメント概観——————101
2. ライブ・エンタテインメントと「共創」の親和性——————105
3. 高槻ジャズストリート——————107

第9章　BtoB企業におけるリレーションシップ——————117
1. BtoBとは何か——————117
2. BtoB領域の特徴——————118
3. ステークホルダーとリレーションシップ——————120
4. BtoB企業と社会との関係——————122
5. 関係性構築とコーポレート・コミュニケーション——————124
6. 従業員とのリレーションシップの重要性——————128

第10章　国際異文化間のリレーションシップ——————131
1. 国境や文化圏を超えて——————131
2. 株式会社ツムラの事例——————131
3. 異文化間でのリレーションシップ構築——————136
4. 異文化尊重とコミュニケーション——————140

第11章　ライフスタイル消費とリレーションシップ——————143
1. マーケティングにおけるライフスタイル視点の重要性——————143
2. マーケティング研究における
　　ライフスタイル概念導入の背景とその概念とは——144
3. 消費者行動とライフスタイルの関係——————146
4. ライフスタイルと近似的な概念（ライフサイクルとライフコース）
　　およびライフスタイル・アプローチとは——148

5．ライフスタイル消費を喚起するリレーションシップ・
　　マーケティングのあり方：ブランド・コミュニティからの考察—150
6．事例：ボーネルンド社の取組み—————————————152

第12章　価値観創造とリレーションシップ—————————159

1．リレーションシップ・マーケティングと価値観創造 ————159
2．インタラクションと価値共創————————————160
3．ダスキン中央　「ハーティ」の事例—————————162
4．地域貢献，CSR，CSV—————————————164
5．長期的ビジョンの実現，ダスキン中央・
　　アレルギーバスターズジャパン ® の挑戦 ———————166
6．価値観学習と実践—————————————————175

第1章　リレーションシップ・マーケティング序論

1.　リレーションシップの基礎

　かつて商業，ビジネスとは交流であり，そこにおける関係性の重要性は歴史的に示されており，ホメロスの描くギリシャや，中国，イタリア，日本の商人においてもみられる。

　リレーションシップ（関係性）の重要性は，研究，実務においても認められるようになって久しい。企業では製造した商品がどれだけ売れたのかという数字だけでなく，一人の顧客がどれだけの期間製品を愛用してくれているのか，ある一定期間における自社商品の選択率や自社店舗への来店率といったものが指標として取り入れられるようにもなった。こうした顧客との関係の深さを明らかにする指標として，顧客シェアや，顧客の生涯価値（LTV）といった指標が利用されている。ビジネスにおける関係性はしばしば恋愛や結婚に例えられる。マーケティングの研究者レビット（Levitt）は「売り手と買い手の関係は販売が行われただけでは終わらず，それは求愛を達成しただけの状態だ。その後に，結婚が始まるのだ」という言葉を残した[1]。

　近年では，リレーションシップの「経営資源」としての価値や，「相互作用（インタラクション）」としての価値が重要視されるようになった。企業は顧客，ステークホルダー，社員などさまざまなリレーションシップ構築に取り組まなければならないが，リレーションシップを一度構築することができれば，企業にとっての優位性となり，またインタラクションを通じた企業の成長・発展を進める方向性を拓くことができる。

　こうしたことに加え，本書ではリレーションシップ・マーケティングの原点

でもあるサービス・リレーションシップ，リレーションシップにおけるインタラクション（相互作用）の重要性について特に着目する。また本書で中心となる概念であるリレーションシップまたは同義語として関係性という言葉を使用しながら，これらの複雑で，他側面的な視点から捉えることによってリレーションシップを明らかにしていくことにしたい。

2. リレーションシップ・マーケティングの視点

　マーケティングが誕生して数十年が経過している。かつてのマーケティングが注目してきたことは取引としての商業やビジネスであり，その開拓や推進である。1900年代初期から徐々に発展したマーケティングは，より販売促進や市場開拓において実践的に活用できるようにシンプルに考えられたツールとして取りまとめられるようになった。そこにはボーデン (Neil H. Borden) のマーケティング・ミックス（1964年）やマッカーシー (E. Jerome McCarthy) の4Ps（1975年）などが特にマーケティング関連書では構造的ツールとして定番となっている。しかしいくつかの研究者はこうした「取引交換」を中心としたマーケティング（取引志向のマーケティング）は1990年代のみに出現した考え方であるという。それ以前の商業は，ほとんどの取引が地場産業を中心として，地元市場で直接取引が行われ，関係性や信頼というものが重視されてきた。またこうした産業がより広域に商業を広げていく上でも，関係的な信頼を資源とした商業のブランド化が行われてきた。リレーションシップの本質は，かつての商業やビジネスから現代まで続く基礎的なものであると見ることができるだろう。

　取引志向のマーケティングは，顧客の獲得，顧客との取引を主に重視するが，一方でリレーションシップ・マーケティングは顧客との長期的な関係性の構築や，そこにつながる顧客満足，顧客維持，顧客の信頼とコミットメントといった要素に着目される。リレーションシップ・マーケティングは4Psを慣例的に使用するのではなく，4Psを支援とした対話型のマーケティングを行っていくことである[2]。

リレーションシップ・マーケティングが現代において再考されるようになったと考えられる原因にはいくつか考えられる。1つとして，現代のビジネスにおいて顧客との関係性が，大変希少価値が高いものとして認識されるようになったことである。新規顧客の獲得は既存顧客の維持に比べて高コストであるという認識がある。2つ目として，大量生産・大量販売を中心とするマーケティングから，個客志向に対応したマーケティングや，サービス志向のマーケティングへの注目である。こうした背景からリレーションシップ構築に焦点が当てられるようになった。

3. リレーションシップ・マーケティングの定義と進化

リレーションシップ・マーケティングの定義をいくつか見てみよう。リレーションシップ・マーケティングとは，

「リレーションシップ・ネットワーク内でのインタラクションに基礎を置いたマーケティングである」[3]

「一定の利益を確保しながら，顧客とステークホルダーとのリレーションシップを識別，確立，維持，強化していくプロセスのことである」[4]

「うまく関係性を主とした交換活動を確立し，発展させ，維持していくために行われるすべてのマーケティング活動である」[5]

以上のように現在では定義がされている。本書で取り扱うリレーションシップ・マーケティングは，

「企業の発展のために，関係性を構築，維持し，その関係性から価値を創造するためのインタラクションをより活性化させるための総体的な施策，活動」として捉えている。

さまざまな定義を見たが，実はリレーションシップ・マーケティングの本来の目的は，関係性の構築や維持にあるのではない。こうした関係性を活かしてどの

ように企業の成長性に向けて方向付け，進化させるかがより重要となる。そこにおける関係性とは，すなわち企業の資源としての価値の重要性が高い。現代のリレーションシップ・マーケティングでは顧客との長期的な関係性を視点に置きながらも，その関係性の中から生まれる**インタラクション**（相互作用）[6]によって，生まれるモノやコトに視点が移っている。またこうしたインタラクションを通じた企業内の価値観や文化の進化という面も重要視されてきている（インターナル・マーケティングとしてのリレーションシップ）。

　本書（第Ⅱ版）の対象とするリレーションシップ・マーケティングの中心は，リレーションシップを通じたこのインタラクションおよびそこから生みだされる価値共創や価値観の進化であり，これらをテーマとしている。

　本書が取り扱うリレーションシップ・マーケティングの範囲を定義する。従来のリレーションシップ・マーケティングと同様に顧客との関係性に焦点を当てている。またより広い範囲として組織内および組織間の関係性を含む。特にサービスとしてのリレーションシップの重要性についても包含している。特に，従業員や現場を担当する社員をマーケティングの一旦を担う者として重視し，企業の使命や目的達成に向けて方向性を共有し，自律的に最終的な成果の達成を目標とするインターナル・マーケティングの重要性を認識している。

4.　コミットメントと信頼

　コミットメントとは，関係性とそこにおける協働を継続して行うことへの強い意志である。信頼は，コミットメントのための前提条件としても考えられており，相手が行う約束や決まりを守ってくれることを，ある程度のリスクがある中で認識できる程度を表す。信頼の向上は，安心感の向上や不確実性の低減につながる。

　リレーションシップの構築や維持のための基本的要素としてコミットメントと信頼は重要である。これらは互いの協力行動を導き，コンフリクトを回避するこ

とにつながる。モーガンとハント（Morgan and Hunt）[7]は，コミットメントと信頼は，パートナーと協力して相互にリレーションシップに投資し続けるように動機付けるため，相互のリレーションシップにおける中心的概念であるとする。特に信頼の形成は，合理的・感情的な関係性の絆へと発展する可能性を持つ。

モーガンとハントは，コミットメントと信頼が重要である理由として3点を挙げる。

①パートナーと協力することによって関係における投資を維持していくこと。

②既存のパートナーと一緒にいることによる長期的な利点を支持することによって，その他の魅力的な代替案に抵抗する。

③パートナーが機会主義的な行動をしないだろうという信念によって，思慮深くハイリスクな行動を見ることができる。

①，②は関係における互いの絆を深める要因であるが，③はリスクを信頼とコミットメントで低減することによって，よりリスクの高い行動への挑戦や，より高度な成果に結びつく協力行動を引き出すものである。関係性におけるインタラクションを活性化させ，コンフリクトを回避し，互いにより高い価値を創造し合うためには協力関係をより深めることが重要である。

こうした関係的な要素が高まることによって，リレーションシップが発展していく。こうした，より長期にわたり発展を続ける関係性では，その当事者間に暗黙的および明示的なルールが生まれ，また互いに学習し合い，信頼することによって，より協力的な行動だけでなく，より発展的なインタラクションをもたらす可能性が高まる。こうしたリレーションシップでは，より高度で複雑な価値共創が行われ，その価値共創へつながるモチベーションや，協力行動や非経済的な信頼関係，絆，価値観の進化といったものへ発展する。

5. リレーションシップと価値共創

リレーションシップ・マーケティングのより発展的な考え方として，価値そ

のものは元々存在する，もしくは企業が一方的につくりあげるものではなく，顧客との相互作用を通じて創造されるものであると捉える。とりわけ北欧学派を中心とするサービス・マーケティング研究や生産材マーケティングでは早くから捉えられてきた見解である。サービス・マーケティングでは提供する商品（サービス）をプロセスとして捉え，そこでは顧客の参加や活動が重視されている。とりわけ顧客の高度な変化を促す医療や教育などのサービスでは最大限の結果を出すためには，顧客の参加度合いやモチベーションが重要となる。また現場を担当する従業員の指導力やアドバイス，声がけなど顧客を結果に導く能力やモチベーションの向上力などが重要である。

　あらゆる取引される商品を，何らかの価値を提供するために行われるサービスである（結果を出し，価値を生むという意味で）と考えるならば，企業が価値を創造するためには，常に顧客との価値共創を重視し，共に価値を創り出していくことや，顧客のライフスタイルや生活観というコンテクストにおいて消費を捉えつつ，そのプロセスを楽しんだり，感じてもらえるような価値を共に創造していかなければならない。

6. 顧客変革の創造

　サービスの本質とは企業の人材と顧客との関係性における相互のインタラクションを通じて価値を共創していくことであることをこれまで見てきた。しかし，真に価値を提供することとは，単に購買とともに即，簡単に結果（顧客価値）を産み出せるものだけではない。人々はある自己で作り上げた目標に向かって努力を続けている。肉体的・精神的な苦痛が伴うのを分かっていて人々は自分のために高価な代金を支払うことがある。美容ビジネスやフィットネスや，軍隊生活の体験などである。また時間や金銭的なコスト，精神的な苦痛を伴いながらも，人々は大学院教育や経営セミナー，各種の改善セミナーなどに参加する。これらはある体験を通じて自分を変えたい，また変えるように導かれることを人々が望んでいるためである。人々は自分を変えられるような大きな体験

を通じてこれまで自分を変え，成長してきたことを経験的に知っている。自分の成長とは，アイデンティティの変革，人生の新しい目標の創造などと大きく関係する。美容ビジネスは顧客の身体的な変革をもたらし，フィットネスはより良い健康を作り上げる。軍隊生活の体験はより精神的・肉体的な強さをもたらすことを望んで参加者は参加する。大学院教育やMBAコースはより自己を高め成長させたいという意識のある者たちが参加する。こうした価値を求める人々は，より自己の変革へと導いて欲しいと願っている。こうした変革はサービスの究極の形でもあると考えられる。変革へと顧客を導くためには，まずその顧客一人ひとりについて深く理解し，それぞれの思い描く理想を語らせ，表出させなければならない。また目標へとつながる綿密な計画を立てること，さらにその計画通りに導くように的確な指導やモチベーションの維持，精神的・肉体的ケアなどが必要となる。こうした価値を提供するための企業の提供者は，必然として顧客との深く，継続的なリレーションシップを形成することとなる。変革とは最終的には顧客が自分自身の努力で生み出すものであるが，彼らをそのように導き，導き続ける企業としての価値提供者が必要となる。こうした価値提供者は通常のサービス要員よりもより深く企業の価値観や理念に関与し，顧客に対するケアの精神を持っていなければならない。

　変革の価値提供デザインの流れとして，①顧客の精密な診断，目標の表出，②変革への参加と，モチベーション維持，ケア，③アフターフォローとなる。

①顧客の精密な診断，目標の表出

　顧客がどのような変革を望んでおり，現時点でどのようなギャップ（差）があるのか。よりこれらを正確に診断する必要がある。そのためには，なぜそのようなことを望んでいるのかを理解することが必要であったり，また結果を出すためには受け入れる必要がある苦痛や忍耐（例えば食事の制限などこれまでの習慣や嗜好を変えることなど）を必要とすることを伝える。また変革を達成した自分を思い描かせることや，誤った変革の方向性を部分的に修正することなどが必要となる。こうした指導には価値提供者の個人的な体験やケア能力，共感

力が必要とされるだけでなく，価値観や良心といった生き方も大きく影響を与えることとなる。

　顧客に目標をより具体的に表出させるためには，より質の高いコミュニケーションや共感力，理解力が価値提供者には必要とされる。より正確に変革の望みを理解するだけでなく，その個人にあった目標へと的確にアドバイスする力が重要である。

②変革への参加と，モチベーション維持，ケア

　顧客の表出された目標に従い，より詳細に綿密にスケジュールを組むこととなる。そこでは実際に変革を促すような体験だけでなく，顧客が継続的に参加できるような仕組みやモチベーションの維持が重要となる。ある顧客はその体験がどのように効果を発揮するかを示す理論的理解や定量的な結果を求める場合もある。一方で精神的な価値提供者のケアや共感が実を結ぶ場合もある。時に精神的レベルの向上や，求める変革とかけ離れた思考方法の改善や生活習慣までアドバイスを行うこともある。

③アフターフォロー

　人間は継続的な存在であり，良い習慣も悪い習慣も継続しながら生活をしている。変革を一時達成した，もしくは望む変革に近づいた顧客も，その状態を維持することを望んでいるが，また元の状態に戻ってしまうこともある。せっかく達成した変革を維持させるために，企業によるアフターフォローは重要となる。そこでは顧客に継続させることの意味を伝えることや，当初変革を達成したことを思い出せることが必要となることもある。価値提供者は顧客に対するケアやいたわりの精神，励ましをもって顧客と深い関係性を築き，目標とする方向性に向かって的確に導く能力が求められ，企業としてこれらを支援するようなシステムの構築が最重要課題となっている。

「人は変われる」を全力でサポート，RIZAP の挑戦

　自信無さげな太めの男性が，別人のような笑顔で登場する，一躍有名となったテレビ CM では，ダイエットの「結果にコミット（約束）する。」と表現した。パーソナルトレーニングジムを運営する RIZAP は，瀬戸健社長がこれまで健康というキーワードで進化してきた中で生み出してきた新しいビジネスである。その原点は，瀬戸社長が高校時代に友人から紹介された女子学生が体型に自信がなく，そのせいで引っ込み思案であったところ，瀬戸自信が一緒にダイエットをやっていこうということで全面協力したことがきっかけとなった。共に運動をしながら，ダイエットに関する事柄，食事に関する事まで一緒に学びながら指導した。瀬戸は彼女と付き合いはじめ，目標に挫けそうなときも必死で励まし続けた。その後に彼女は素晴らしい結果を出した。見違えるほどスリムな体型に変化した彼女自身は大きな自信を持ちクラスの人気者となった。人は変われること，それがすごいと感じた。

　現在 RIZAP は，フィットネスサービスから，ゴルフ，英会話，料理教室などといった三日坊主市場[8]と言われる市場における自己実現を提供するビジネスをグループ内で展開している。2016 年の売上高は 952 億円であり，急成長を続けてきた。しかし，今後成長を続けていくにあたり，新規顧客だけでなく既存顧客に対する価値提案をできる環境づくり，すなわち関係性の高次元化を目指している。

　RIZAP の顧客診断システムは常に進化している。2017 年から新宿店に導入した「3 Ｄボディスキャン」[9]は顧客自身の身体をマウス操作で前後左右から見ながらトレーニング方法を考え，指導する。3D 画像の作成によって，胸囲，足首周り，腹部上，バスト，ふとももトップサイズなど全身 360 箇所の寸法データを取得し，全身の体型の把握，から歪みまで画像化し診断する。これらのデジタル技術を活用しより精密な診断ができるようにするとともに，これらをグループ事業全体での活用を目指している。RIZAP GOLF ではゴルフクラブに超軽量のセンサーを取り付け，顧客のスイングのヘッドスピード，スイン

グテンポ，フェース角などのクラブパスなどを計測できる仕組みを作り上げた。これらのデータはアプリケーションと連動しており，トレーナーはこれらをスマートフォンやタブレット端末を見ながらより的確なアドバイスを行えるようになった。同じ言葉で指導する場合であっても，より細かな数字や角度で表現できるようになった。瀬戸社長は「最新のITで顧客の自己実現をサポートする」と意気込む。

　さらにこうした定量的なデータを活用することによって，顧客のケアやモチベーション維持にも取り組んでいる。例えば，自身がどのような状態であるかを数値や画像で把握させ，トレーニングによって現在はどれほどの改善が行われたかをデータで見ることによって，より効果を実感しやすくなり，よりやる気を維持させることに繋がっている。またRIZAPではRIZAP touchというアプリを会員に提供し，顧客の毎日の食事を写真に撮りアップロードさせ，体重，体脂肪，睡眠などを記録しながら，トレーナーが個人に直接指導するという密接な関係性を通じた指導に踏み込んでいる。RIZAPではトレーナーと顧客はマンツーマンでの手厚いサービスを基本としており，よりトレーナーが顧客について知り，密接な関係でのアドバイスを行い，結果を出す環境をつくっている。

　RIZAPは事業の成長を横展開している。グループ内には，ゴルフ，英会話，料理教室などの変革ビジネスだけでなく，これらを起点に，ライフスタイルやライフステージの沿った企業を買収している。それはアパレル企業や，スポーツグッズ，インテリア，ジュエリー，音楽関連，雑貨など幅広い展開である。RIZAPの主力である変革ビジネスから得られた顧客データを一度CRM（顧客関係管理）システムで統合することを目指している。そこには，コールセンター，アプリ，ECサイトなどさまざまなチャネルを通じた顧客データが集約され，顧客個人ごとに紐づけされ，より顧客のライフスタイルやライフステージの把握から，価値提案に結び付けていく。これらはRIZAPが考える既存顧客に寄り添い，その関係性から顧客への価値提案を行っていく取り組みであるということができる。

東京に本社を構える RIZAP は，グループ企業を含めた連結従業員数は既に7000 人を超えている。RIZAP が主に力を入れているのが変革へと導き，指導を行うトレーナーの育成である。変革への厳しい道のりを共に歩み，顧客に向き合うトレーナーが，結果にコミットするビジネスには欠かせない存在である。顧客の心を動かすためには，優秀なトレーナーによるモチベーション向上や心に寄り添う行動が重要であり，絆を通した継続的な関係性が，より顧客の持続的な努力を向上させ，結果に繋がる。東京の中野富士見町にある RIZAP アカデミーでは，トレーナー研修生が筋肉の構造学から栄養学まで，月 192 時間をかけ様々な専門知識を学んでいる。さらにはカウンセリングシミュレーションを行う中で，顧客のモチベーション向上に繋がるコミュニケーション力の指導を受ける。このようなトレーナーに対する厳しい指導と育成が顧客を継続的に変革に向かう姿勢に対して動機付ける。人はいつまでも変われる，という信念が今後も展開されていく。

（謝辞）

本章ケースの執筆にあたり，RIZAP 株式会社　ブランド統括部　PR ユニット成清佑平氏，その他の方々に協力をいただいた。ここに記して感謝申し上げる。

注

1) Levitt, T., *The Marketing Imagination*, Free Press, New York, 1983, p.111.
2) Gronroos, C., "The marketing strategy continuum: towards a marketing concept for the 1990s", *Management Decision*, Vol. 29, 1991, pp.7-13.
3) Gummesson, E., *Total Relationship Marketing*, 2nd edition, 2002.（若林靖永・太田真治・崔容熏・藤岡章子訳『リレーションシップ・マーケティング』中央経済社，2007 年, 587 頁）
4) Grönroos, C., The Relationship Marketing Process: Communication Interaction, Dialogue, Value, *Journal of Business & Industrial Marketing*, 19 (2), 2004, p.101.
5) Morgan, R.M. and Hunt, S.D., "The commitment-trust theory of relationship marketing", *Journal of Marketing*, Vol. 58, 1994, p.22.
6) インタラクション（相互作用)とは,関係性の当事者らが互いに何らかの意思や考え

20

を持ちつつ，なおかつ相手の行動の影響を受けながら，自らの行為を展開していくことである。そしてそこでは，思考や行動が，自己と相手の双方から影響を受けることになる。

7) Morgan, R.M. and Hunt, S.D., *op.cit.*, pp.20-38.

8) RIZAP の事業の多くは生活必需サービスではなく，自己投資や自己変革を目的とした市場であり，多くが三日坊主で終わる可能性が高いものであり，これらを「三日坊主市場」と名づけて主な価値提供を行っている。

9) 『日経コンピュータ』2018 年3 月15 日。

第2章 リレーションシップ・マーケティングの起源と歴史

1. マーケティングの誕生とマーケティング論 [1]

　マーケティングは 20 世紀初頭のアメリカで生まれた。なぜ生まれたのだろう。その理由として産業独占モデルと新興産業モデルがあるという [2]。産業独占モデルとは，資本主義の発達により市場が 2 〜 3 の巨大企業に支配され，機械による（商品の）大規模・大量生産によって，生産量（供給）が消費量（需要）を上回ってしまう（作っても売れない）。そこでその販売問題を解決するためにマーケティングが必要になったというものである。一方，新興産業モデルとは，これまでにない新製品が既存の流通経路では販売できなかったため，一から独自の販売網をつくるためにマーケティングが必要になったというものである。例えば，ミシン，コーラ，加工食肉，石鹸，自動車，タバコ等の企業が広告宣伝をして，新しく販売経路を開拓して，消費者がまだ見ぬ新商品を普及させていったのである [3]。

　両モデルに共通するのは，消費財（自動車や家電品，食品など）を生産する製造企業の「販売問題」を解決するためにマーケティングが生み出されたということである。これを事例でみてみよう。1910 年代のアメリカでヘンリー・フォードが製造・販売した自動車「T型」は「より低コストで，より大量に生産された，高品質で，単一かつ不変のモデル」であったために，急速に自動車市場を支配した。しかし，1920 年代になると，自動車市場の規模が拡大し，フォードの「単一かつ不変のモデル」に飽き足りない消費者に向けて（市場細分化），GM（ジェネラル・モーターズ）社が，製品差別化（シボレー，ポアンティッ

22

ク，キャデラック等の複数モデルの生産）を行い，価格も自動車のモデルに応じて変化させた。その結果，ＧＭ社はフォード以上の市場獲得に成功した[4]。

　ここから，マーケティングの核心は「市場細分化」(market segmentation)「製品差別化 (product differentiation)」にあるとされ，その具体的手法として「製品 (product)」「価格 (price)」「販売経路 (place,channel)」「販売促進 (promotion)」などが，時を前後して開発されたのである。（今ではごく当たり前となった）こうした専門用語（テクニカルターム）によって，マーケティングは経済学や経営学とは異なる，独自の学問となったのである[5]。

2.　マーケティング論の起点

　マーケティングの学問としての起点は，ショー (A.W.Shaw) の『市場配給の若干の諸問題 (Some Problems in Market Distribution)』(1912) にあるといわれる。ショーはもともと『システム』という雑誌の編集者であったが，経済史家のゲイ (E.F.Gay) にハーバード大学の経営史講義を頼まれ，そこでとりあげたのが「アメリカにおける体系的なマーケティング研究の真のはじまり」であった[6]。

　彼は，現実の生産過剰という問題から出発し，製造業者の企業的観点[7]，コンセプトの形成，流通過程の分析などを行った。つまりそれは，「作っても売れない」という問題が，企業にとって「売れるものを作る」という発想の転換になり，さらに「はじめに製品ありき」（シーズ志向）から「はじめに消費者ありき」（ニーズ志向）へと考え方を変える転機となる研究であった。

　例えば，かつてレビットが記したように，アメリカの鉄道事業者は自らを唯一の輸送サービス提供者と考えたため，ほどなく自動車や飛行機との競争に敗れ衰退した。映画産業は自らを唯一の娯楽サービスであると考えたためにＴＶやビデオにその座を明け渡すことになった。もしも「はじめに消費者ありき」で自分たちの事業を定義したならば，鉄道事業者や映画産業は新たな競争相手に対抗することができたかもしれない。

ところで,マーケティング研究の枠組みは図2-1のように示される[8]。まず事実史(現実の商取引)をもとにマーケティングの理論・政策がうちたてられ,また逆に理論・政策が事実史に影響を与える。両者は相互補完関係にある。一方でマーケティングの理論史は事実史とは直接関係が薄く(矢印が点線),理論・政策とは相互補完関係にある。

これまでの研究はマーケティングの理論・政策に集中しており,それはマーケティングが差し迫ったビジネスの問題に対して実践的な解決手法を提供してきたことに起因している。それは現在も変わらないのだが,理論・政策研究は1929年の世界恐慌を経て飛躍的な発展をとげ,第2次世界大戦後には質的に新しい段階に進んだ[9]。

図2-1 マーケティング研究の体系

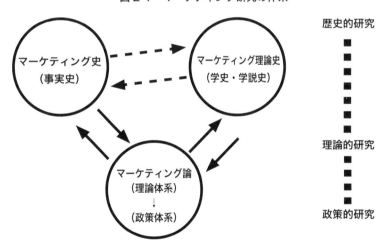

(備考)理論と政策は現在峻別されているわけではない。
出所)小原博『マーケティング生成史論(増補版)』税務経理協会,1991年,24頁。

24

すなわち,戦前の「商品別アプローチ」「機関別アプローチ」「機能別アプローチ」から,戦後は経営者的な「マネジリアルアプローチ [10]」,「システムズアプローチ」「ソーシャルアプローチ」「エコロジカルアプローチ」といったふうに進展してきたのである [11]。それは企業の生産力増大,技術革新,公害問題,企業の社会的責任といった社会経済的環境の変化に対応する過程で生まれてきたものなのである [12]。こうしたマーケティング研究の拡張は,マーケティングの基本理念が商業,産業,サービス,社会,非営利の活動のすべての局面を超えて広がったもので,いわば「理念的拡大」ということができる [13]。

3. リレーションシップ・マーケティングの登場と進展

(1) リレーションシップ・マーケティングの登場

1990 年代以降先進国では情報化が進んだ。情報通信技術(ICT, Information and Communication Technology)の進歩によって,企業のマーケティングは単なる新規顧客の獲得から既存の顧客を維持することに移行していった。市場の成熟化によって商品がコモディティ化し,製品差別化が困難になる中で,新規顧客の獲得が難しくなったからであり,(企業間競争は相変わらず激しいために)顧客獲得のコストが大きくなったからである。そこで,既存顧客に関心が向けられ,一人の顧客からより多くの収入を得る途が模索された。こうした状況から,リレーションシップ・マーケティングが生まれた。つまりは顧客との関係性を重視したマーケティングが研究されるようになったのである。そこから顧客満足,顧客生涯価値(ライフタイムバリュー),マス・カスタマイゼーション,顧客ロイヤルティのはしごなどの専門用語も 90 年代以降に生まれた [14]。

ところで,リレーションシップ(関係性)について注意すべき点がある。それは企業と顧客の相対する場面だけを想定しているのではなく,もっと多様な場面にも適用されるということである。例えば,企業間,消費者相互,企業とその従業員または従業員間などである。従来の研究であれば,その具体的な場面に適合した個別的マーケティングを,サービス・マーケティング,小売マー

第2章　リレーションシップ・マーケティングの起源と歴史　25

ケティング，卸売マーケティング，非営利組織のマーケティングといったぐあいに設定できた。

　しかし，リレーションシップ・マーケティングの場合は，多様な場面に対する個別的な名称がない。だから，単に企業と顧客という関係以外の多様な場面を想定したリレーションシップ（関係性）を念頭においておかねばならないのである[15]。その点をふまえた上で，リレーションシップ・マーケティングの進展を見ていこう。

(2) リレーションシップ・マーケティングの進展（1960～1990年代）

　表2-1はマーケティングとICTとリレーションシップ・マーケティングの関係を時系列でまとめたものである[16]。まず1960年代は製造業のマーケティングが主流で有形財（goods, 例えば歯磨き，粉末洗剤，チョコレート，スープなど日用品）に焦点があてられた。そこでは新商品のターゲットを定め（STP），マーケティング・ミックス（4Ps）を展開することが主要な関心ごとであった（いわゆるマネジリアル・マーケティング）。まだ大型コンピュータや固定電話が一般

表2-1　マーケティングとICT, リレーションシップ・マーケティグの変遷

時期	経済	ICT	マーケティング	リレーションシップ・マーケティング
1960年	製造/有形財	メインフレームコンピュータ, 固定電話	有形財のマーケティング, 焦点は日用品	明確に述べられることなし
1970年代から1990年代	サービス（無形財）	マイクロおよびパーソナルコンピュータ時代, 1990年代には移動電話/携帯電話。デジタル化。	BtoCマーケティングとBtoBマーケティングの区別/有形財のマーケティングとサービスのマーケティングの区別	BtoBマーケティングやサービスマーケティングで重視される。人間関係的インタラクションにより特徴付けられる。いずれも顧客獲得から顧客維持に関心向かう。
2000年以降	サービス+経験経済	消費者によるネットとモバイル, ソーシャルネットワーキング	グッズ・ドミナントロジックとサービス・ドミナントロジック/CtoCインタラクション	顧客経験や顧客同志のコミュニティによる効果への意識の高まり

出所）Steve Baronほか（井上崇通ほか訳）『リレーションシップ・マーケティング』同友館。2015年5頁に加筆した。

的であったため，リレーションシップ・マーケティングについて言及されることはなかった。

70年代から90年代になると，有形財よりもサービス（servicies, 無形財）の比重が大きくなりサービス経済化が進展していく。そこでマーケティングの焦点は有形財とサービスに区分されるようになる。サービスの特質として，生産イコール即消費（「同時性」）であること，そのために生産と消費が切り離せない（「不可分性」）。また，形がない（「無形性」），在庫ができない（「消滅性」），品質が一定でない（「非標準性」）といったことがあげられる（旅行や公演，舞台などをイメージされたい）。サービスがこうした特質を持つために顧客との直接的なやり取りが重視されることになった。

また，消費者対応のB to C（業者から消費者への販売）と，産業財を扱うB to B（業者から業者への販売）といった区分も起こってきた。B to Bの場合，ある程度その数や質が定まった業者との取引で，長期反復的なやり取りにつながる傾向があった。

ここから，サービスにしてもB to Bにしても，取引相手との人間的な相互関係（インタラクション）がマーケティングの成否に大いに関係してくることがわかってきた。さらにマーケティングの関心ごとは，（すでに述べてきた通り）新たな顧客獲得というよりも，顧客満足を高めて既存の顧客を維持することに向けられた。

ICTについては1990年代以降，パーソナルコンピュータの普及が進み，携帯電話や情報のデジタル化が起こり，大量のデータ処理が可能になって，一人ひとりの顧客対応が実用化段階に入った。例えば，ある顧客の購買履歴を数万件の顧客情報からサッと出して商談を進めることが可能になったのである。

ICTの進歩に呼応して，リレーションシップ・マーケティング研究が多数登場してきた。ただしここに注意すべきは，リレーションシップ・マーケティングが，（前節の終わりで述べたような）マーケティングの「理念的拡大」というよりは，インターネットを始めとする情報技術を用いることでマーケティング領域を拡大していく「手段的拡大」であったということである。リレーション

シップ・マーケティングは，情報技術を使った双方向のコミュニケーションや効果的な取引データの収集・分析・処理が可能になったからこそ生まれたものであって，その意味において特殊な研究領域だということができる[17]。

表 2-2　リレーションシップに関する諸マーケティグ研究の特徴

	マネジリアル・マーケティング	リレーションシップ・マーケティング		
		産業財マーケティング	サービスマーケティング	チャネル論
市場	一般的	少数性	プロセス消費	継続性，安定性
売り手	能動的	能動的	能動的	能動的
買い手	受動的	少数（規模・ニーズ・購買頻度など，多様）	共同生産者	少数
売り手と買い手との関係	アクション -リアクション	インタラクション	インタラクション	信頼，コミットメント（インタラクションが前提）

出所）東利一「消費者に関わるリレーションシップ・マーケティングの系譜」『流通科学大学論集（流通・経営編）』第 27 巻第 1 号，2014 年，92 頁。

　表2-2はリレーションシップ・マーケティング以前のマネジリアル・マーケティングと比較してその違いを明らかにし，さらにリレーションシップ・マーケティング研究が大きくは 3 つに分かれて研究されてきたことを示している[18]。

　マネジリアル・マーケティングは，能動的な売り手が受動的な買い手にアプローチする手法であって，売り手の行動（アクション）が買い手の反応（リアクション）を導き出すと考えられた[19]。しかし，リレーションシップ・マーケティングはこうしたアプローチをとらなかった。

　第 1 に，リレーションシップ・マーケティングの産業財マーケティングに関連した研究は，買い手が少数で取引金額・頻度が高く，さらには多様なニーズをもっているため，売り手・買い手相互に緊密なやり取りをすること（インタラクション）に焦点があてられた。これは IMP（Industrial/International Marketing and Purchasing）グループの研究成果であり，Håkasson らに代表される北欧諸国の研究者たちに欧州の研究者が加わり，膨大な経験的データが収集された研究である。第 1 期 (1976 - 1982) は「売り手と買い手の間にインタラクショ

ンに基づいたリレーションシップ」が存在することが発見され，第2期（1986 -）になるとリレーションシップはより大きなネットワークに組み込まれていることが明らかにされた。

　第2に，リレーションシップ・マーケティングのサービスマーケティングに関連した研究は，サービスを消費する「結果」よりも「プロセス」（過程）を重視し，買い手が売り手と共同してサービスの質を上げていくこと（インタラクション）に注目している。これは，グルンルース（Grönroos）やグメソン（Gummenson）らのノルディック学派の研究で，サービスマーケティングの「長期の関係的特性」を強調するもので，1990 年代に発展した。ほかに，より良いリレーションシップがサービスの知覚品質を高めるので，品質管理と組織的な顧客対応を統合させることを目指した UK アプローチやリレーションシップ・マーケティングという用語を最初に使用したベリー（Berry）の研究がある。

　第3に，チャネル論からは，従来の統制論からアーント（Arndt）の「内部化市場」やドワイヤーら（Dwyer, Shurr&Oh）の「関係的取引」をキッカケにして「協調的関係」の視点が導入された。それらは大別して，（取引関係を適切にコントロールできる）統制メカニズムを設計することによって長期協調的なチャネル関係が生まれるとする研究と，長期協調的なチャネル関係はメンバーの持続的なインタラクションの結果によるものであるとする研究である。後者の場合，そこに信頼やコミットメントなどが必要であることが明らかにされた。

　以上，3つの異なる研究を紹介してきたのだが，それらの共通点は「インタラクション」を重視しているということである。さらにそこから信頼やコミットメントが生じて新たな価値創造がなされると主張する研究も表れた[20]。

(3) リレーションシップ・マーケティングの進展（2000 年以降）

　最後に，2000 年以降になると，サービスに加えて経験経済の概念が登場した。ここに経験経済とは，「上質な体験価値」を提供物とする経済をいう[21]。例えば，近年流行している野外のロックコンサート（夏フェス）の場合，観客は一期一会の臨場感ある演奏に引き込まれ，その場でしか味わえない体験に感動す

る。こうした「体験」を提供するケースが増えてきたため，これを「経験経済」と呼ぶようになった。

パイン（Pine）とギルモア（Gilmore）の『経験経済』はこれをコーヒー豆の事例で段階的に説明している[22]。つまり，コーヒー豆がそのまま提供される「農業経済」，コーヒー豆が加工されてパッケージ化される「産業経済」，さらに，入れたてのコーヒーが客の目の前に提供される「サービス経済」，最後に，コーヒーを飲むことが感動や思い出につながる「経験経済」である（第5章にて詳述）。例えばスターバックスが若者に人気があるのは単にコーヒーが美味しいからだけでなく，その空間の居心地よさに大きく関係している。しかもこうした感動や体験は誰かに伝えたくなる。ここから経験経済の特質は（サービス経済までの単なる「満足」だけでなく）その消費体験をネット等を利用して広く知らせたい（拡散したい）欲望を導き出す点にあることがわかる。

経験経済の背景には，消費者によるネット利用，携帯電話などモバイル（移動体通信）を使った情報発信があった。テレビ・新聞などのマスメディアは一方通行であったが，ネットのホームページ（HP）や掲示板，ツイッター，LINE，インスタグラムなどを使うことによって，個人発信の情報が世論を形成する事態も起こった。例えば，ユーチューバーは無名の個人がネットで自作動画を発信することでネットユーザーの人気を得てやがて有名人になるケースである。

こうした事態はマーケティング研究に大きな変化をもたらした。第1にこれまでマーケティング研究の中心であった有形財をサービスに含めてしまおうとする研究の登場である。すなわち，有形財を中心に見たマーケティング（グッズ・ドミナント・ロジック，以下G-Dロジックと略す）を，サービスを中心に見たマーケティング（サービス・ドミナント・ロジック，以下，S-Dロジックと略す）」として解釈し直そうとする研究が出てきた[23]。それは端的に言うと従来のマーケティング論の大胆な「読みかえ」である。

ここにS-Dロジック[24]とは，すべての経済活動をサービスと見て，「有形財を必要とするサービス」と「有形財を必要としないサービス」があるという考え方である。例えば，箸の製造業者は，箸という有形財を顧客に提供するの

ではなく，食べるというサービスを提供すると考えるのである（「有形財を必要とするサービス」）。

さらに，S-Dロジックは，企業と顧客の相互作用を通して新しい企業価値を創造する「価値共創」の考え方を持つ。そのため顧客がその商品を購入する時だけでなく，その前後の企業と顧客の双方向的な交流によって，商品・サービスの使用価値増加を目指すことになる。そうなると，顧客は，商品・サービスを一方的に受けとるだけの「受け身の存在」（操作の対象）であるだけではなく，企業と協力して「価値を創造する主体」にもなりうるのである[25]。かつてトフラーが『第三の波』において予言した「プロシューマー（創費者）」を思わせる[26]。

S-Dロジックは経済のサービス化に合わせて登場した（ある意味革新的な）研究ではあるが問題点もある。まずマーケティングの製品概念でもサービスを解釈することは可能であるということである[27]。またサービス化が進んでいることは事実だが，一方で「有形財を必要とするサービス」が多いのも事実である[28]。さらに，S-Dロジックの核心は「価値共創」にあるが，現実に価値共創に値する事例がどれほどあるのか。理論と実態がかい離しているようにも見えるのである。今少し事例の収集が必要だと考える[29]。

第2に，（先に見たユーチューバーの例のように）消費者（顧客）同士のインタラクションを含めた研究が登場してきた[30]。近年，有名人や企業がひとたび不適切な発言や行動をすれば，数多くのネットユーザーによってアッという間に集中豪雨的な書き込み（いわゆる「炎上」）が起こり，有名人や企業の大幅なイメージダウンが生じる事例が多数出てきた。そのためにリレーションシップ・マーケティング研究は，消費者（顧客）同士のコミュニティにも関心が向けられることになった[31]。

4. 戦前阪急・小林一三のリレーションシップ

戦前の阪急（元は箕面有馬電軌軌道，阪神急行電鉄）にも今日のリレーションシップ・マーケティングの理念的な原型を見ることが出来る。同社が本業の運輸事

業に加えて，宅地開発，遊園地，野球場，百貨店などの兼業（附帯事業）によって沿線開発に成功したことはよく知られている[32]。実はそうした事業の根本に顧客とのリレーションシップ（関係性）があった[33]。

　すなわち，実質的経営者の小林一三は昭和初期に「利益三分主義」を唱え「会社の経営は株主と社員と公衆（即ち乗客）と共同管理の下に相互式によつて共存共栄の大義に依つて進むべきものではないだらうか」と述べた。もちろんこうした理想は現代の企業経営によくある話である。

　しかし，小林の場合はさらに想像力をたくましくして「此会社の総資本株数90万株を，現在の定期乗客数2万5千人に分配する時は，1人が36株所有する沿道の住人たり，此会社の常乗者たる株主2万5千人が，此会社を社員と共に相互式に経営するものとせば，此会社の収入減は定期乗車券収入1ケ年約124万円であつて，此減収は現在の配当一割が6歩5厘に減ずるかも知れない。然し，実際は此2万5千人が此会社を自分達のものと心得て，其全部が沿道に在住することになる結果は，各種の増収（即ち運賃収入，阪急百貨店，宝塚収入等）が相殺し得るかも知れない」と言う。すなわち，沿線の乗客が株主になってくれれば，会社は株主＝乗客と自己完結的に経営が行われるというのである。もし「一人10株として9万人の株式を，定期乗客並びに沿道住民に分配して，相互式に経営するものとせば，恐らく阪急百貨店の売上高は実に数倍に上るだらう。9万人の株主の乗車収入は減ずれども，沿道の繁昌と共に其乗客は，実に数十万人に達して全体としての収益は悲観しなくてもよいかもしれない」。

　こうした小林の構想は，結局のところ実現せず夢で終わる。しかもそれはICTの発達以前の100年ほど前の話である。それでも，その意図は会社が株主，従業員，乗客と良好な関係を築くことにより事業を営もうとするもので，資本主義社会における「リレーションシップの究極の姿」を先取りしているようにも見えるのである。思えば，鉄道事業は通勤・通学等による輸送サービスの1つであり，顧客との接点が多い事業でもあった。

注

1) この節ことわりのない限り，谷内正往「マネジリアル・マーケティングと現代（上）」（近畿大学通信教育部『梅信』第397号，1996年6月）による。

2) マーケティング史研究会編『日本のマーケティング－導入と展開－』同文舘，1995年，46-47頁。この他の理由として，百貨店・チェーンストア・通信販売といった近代的小売業が「市場の創造と商品の効果的な供給を可能」にしたこと，また当時の経済学に対して企業家が失望した（経済学では売り手と買い手の行動が神の「見えざる手」によって調整されると考えられていた）こともあげておく（江尻弘『マーケティング思想論』中央経済社，1991年，3頁）。

3) 白髭武『アメリカのマーケティング発達史』実教出版，1978年，60-64頁。

4) R.S.テドロー（近藤文男監訳）『マス・マーケティング史』ミネルヴァ書房，1993年。

5) 山下裕子「産業化の理論としてのマーケティング」『一橋論叢』第113巻第4号，1995年，386頁。なお，同論文はマーケティングを産業化の理論（規模的成長＝限界効用の理論，製品差別化＝不完全競争の理論）としてとらえ，それらはいずれも19世紀末葉のイギリス経済学者アルフレッド・マーシャルにまでさかのぼることができるとしている。特にマーシャルが限界効用の理論と不完全競争の理論を考えるときに「マーケティング」を1つの軸にして理論構築しようとしていた節がある，と指摘している。

6) 三浦信『マーケティングの構造』ミネルヴァ書房，1971年，9頁。

7) マーケティングは個別企業の販売問題に始まり，それを解決するために最終消費者を含む流通機構をも研究対象に取り入れてきた。そのためかアメリカのマーケティング研究においては，最近までマーケティングと流通が同じ用語として使用されてきた。日本ではこの点をハッキリ峻別し，流通を「国民経済に立脚した概念」と規定し，マーケティングを「個別企業経営の観点」からとらえようとしている。現在ではアメリカでも前者をマクロ・マーケティング，後者をミクロ・マーケティングとして区別するようになっている（江尻弘，前掲書，8-9頁）。

8) 小原博『マーケティング生成史論（増補版）』税務経理協会，1991年，24頁。なお，最近のマーケティング研究史については，マーケティング史研究会編『マーケティング研究の展開』同文舘，2010年，堀越比呂志編著『戦略的マーケティングの構図－マーケティング研究における現代的諸問題』同文舘，2014年，KMS研究会監修『マーケティング理論の焦点－企業・消費者・交換』中央経済社，2017年，等が詳しい。

9) 三浦信，前掲書，9頁。

10) マネジリアル・マーケティングの特徴として，①企業の存続および成長の鍵を握るものとしての，消費者の戦略的地位の認識，②製品にはじまり，価格，販売経路，広告，販売員などに及ぶ，マーケティング諸活動の統合的管理，③マーケティング諸活動のみではなく，生産，財務，人事，研究開発なども含む，全企業活動のマーケティング的視点からする統合・調整，④特定の企業を競争対象として措定した上での「戦略」概念を軸として統合化されていること，があげられる（同前，86-87頁）。一方，マネジリアル・マーケティングの本質を「計画的陳腐化」に求める論者もいる（佐藤肇『日本の流通機構』有斐閣，1974年，143-153頁）。

第2章　リレーションシップ・マーケティングの起源と歴史　*33*

11) 特にマネジリアル・マーケティングは, マーケティングマネジメント（STP マーケ
ティング）として現在もマーケティング論の中心的存在となっている。

12) 光澤慈朗『マーケティング管理の生成と発展』啓文社, 1980 年, 143 頁。

13) 朴修賢「リレーションシップ・マーケティングの進展－顧客視点を中心として」『大
阪成蹊大学現代経営情報学部研究紀要』第3 巻第1 号, 2006 年, 116 頁。

14) ここにCRM を入れる研究もあるが, CRM は自社利益への貢献という基準から顧客
を細分化し貢献度の高いセグメントへアプローチするので, その本質はマネジリアル
マーケティングである。よってここには含まない（東利一「消費者に関わるリレーショ
ンシップ・マーケティングの系譜」『流通科学大学論集（流通・経営編）』第27 巻第1 号,
2014 年, 95 頁）。

15) 松井温文「リレーションシップ・マーケティングの起源と歴史」岡山武史編著『リレー
ションシップ・マーケティング』五絃舎, 2014 年, 21 頁。

16) Steve baron ほか (井上崇通ほか訳)『リレーションシップ・マーケティング』同友館,
2012 年, 5 頁。

17) 朴修賢, 前掲論文, 117 頁。

18) 東利一, 前掲論文, 92-96 頁。

19) 新旧の違いを交換概念と関係性で説明する議論もある（朴修賢, 前掲論文, 117-118
頁）。

20) 東利一, 前掲論文, 96-97 頁。

21) 阿久津聡ほか『ソーシャルエコノミー－和をしかける経済』翔泳社, 2012 年, 56-60
頁。

22) 同前。

23) 東利一, 前掲論文, 100-102 頁。田口尚史「S-D ロジックの基礎概念」井上崇通・村松
潤一編著『サービス・ドミナント・ロジック』同文舘, 2010 年。

24) 坂巻貞夫「現代マーケティングの新潮流」『日本政策金融公庫論集』第16 号, 2012 年
8 月, 83-84 頁。

25) この価値共創の視点はイノベーション研究でも重視され「こうした視点がモノ余り,
情報余りの時代には重要性を帯びてくるし, そのことを示す実証データもそろい始め
ている」という（小川進「イノベーションの民主化」日本経済新聞社編『これからの経
営学』日経ビジネス文庫, 2010 年, 151 頁）。

26) 谷内正往「商業・流通の史的展開」来住元朗編著『商学－その歴史, 理論, 政策』八千
代出版, 1994 年, 58-60 頁。

27) 和田充夫・恩蔵直人・三浦俊彦『マーケティング戦略（第5 版）』有斐閣, 2016 年,
178-179 頁。

28) ランドマーク商品（3 種の神器, 3 C, インスタント食品, ヘッドフォンステレオ, 自
動販売機, 携帯電話など）のように, 人々の生活スタイルの変容に影響を与える商品の
歴史研究があり（石川健次郎編著『ランドマーク商品の研究―商品史からのメッセー
ジ』同文舘出版, 2004 年, 10-11 頁）, 商品をサービスで読みかえることはそう簡単な
ことではない。また, 例えば自動車産業全体に占める自動車本体の占める割合は約3 割

で, 残りはアフターマーケットが約3割, 金融・保険・リース, 中古車市場と続くのであるが (三橋・内田・池田『ゼミナール日本経済入門〈2007年版〉』日本経済新聞社, 2007年, 608-609頁), それにしても「自動車がまずありき」という点に注意が必要である。

29) 朴修賢「マーケティング視点による価値共創に関する一考察」『追手門学院大学ベンチャービジネスレビュー』第9号, 2017年3月, 27頁。滝本優枝「リレーションシップ・マーケティング礼賛の陥穽」『大阪経済法科大学経済学論集』第36巻第1号, 2012年12月。

30) 例えば, 久保田進彦『リレーションシップ・マーケティング』有斐閣, 2012年を参照。

31) 松井温文, 前掲論文, 27-29頁。

32) 小林一三に関する研究は数多いが, さしあたり津金澤聰廣『宝塚戦略』(講談社現代新書, 1991年), 老川慶喜『小林一三』(PHP研究所, 2017年), 谷内正往『戦前大阪の鉄道とデパート』(東方出版, 2014年)を参照。

33) 小林一三「此の会社の前途はどうなるか?」『阪神急行電鉄二十五年史』同社, 1932年。

第3章　顧客満足と顧客ロイヤルティ戦略

1.　期待の不一致と顧客満足の関係

　顧客満足の概念を説明する前に，1つのことをまず考えてみよう。あなたが友達と一緒に同じホテルの同じ部屋に一晩泊まったとする。翌日チェックアウトした時に，あなたはこのホテルのサービス全体に対して，不満であったが，友達は同じホテルのサービス全体に対して満足している。同じホテルの同じ部屋なのに，あなたと友達のホテルのサービス全体に対する評価はかなり違う。なぜこのような結果になったのだろうか。

　それは，あなたと友達とのホテルのサービスに対する事前の期待が異なったからである。ホテルに泊まる前に，あなたはこのホテルのサービスを高く期待していたが（例えば，高級ホテルのようなものを想像していた），友達はこのホテルのサービスをそれほど期待していなかった。その結果，実際にこのホテルのサービスを受けて感じたサービス品質があなたの期待を下回ったので，不満が生じた。その一方で友達の方は，感じたサービス品質が事前の期待を上回ったので満足した。あなたの生活の中にも，このような経験があるのではないだろうか。

　実は多くのマーケティングを学ぶ者の中にも，製品・サービスの品質こそが，顧客満足を引き出す唯一の要因と思っている人達が少なからずいる。言い換えれば，品質が良ければ，顧客が必ず喜んでくれると考える人達である。しかし製品・サービスの品質の良さは，当然顧客満足と関係しているものの，顧客満足の唯一の決定要因ではない。「顧客満足」とは，サービスの購入あるいはさまざまな消費財を使用した後の感じ方や判断と定義することができる[1]。ここ

で強調しておきたいのは「製品・サービスを使用した後の感じ方, 判断」である。製品・サービスを使用する前に, 製品・サービスの品質に対する予測はすでに形成されていて, 顧客は自らの予想を実際に使用した時に感じた品質と比較して, もし期待以上であれば満足となるが, もし期待以下であれば不満となる。ここで言う「期待」はマーケティング分野では「事前の期待」と呼ばれ, 予想以上であった場合と予想以下の場合は「期待との不一致」と呼ばれる。製品・サービスが事前期待を下回れば「負の不一致」, 事前期待を上回れば「正の不一致」, 期待通りであれば「一致」となる[2]。

　さらに, 製品・サービスの品質が, 顧客の事前期待をはるかに超えていれば, 喜び, 楽しみ, 驚き, 幸せなどの一連の感情からもたらされた顧客の感動が生まれる。先のホテルの例では, チェックアウトした時に, 意外な素敵な記念品をもらったり, 駅までホテルの専用車で送ってもらえたりしたら, 顧客は感動するであろう。この顧客の感動は顧客満足に比べて, リピート購買や, ポジティブな口コミ, 他の顧客への推奨意図（あるいは推奨行動）などの製品・サービスに対するロイヤルティの形成に, より強い影響を与えることが明らかにされている[3]。

2.　顧客ロイヤルティの定義

　先ほどのホテルの例を再び考えてみよう。あなたはこのホテルのサービスに不満を持っているため, おそらく同じホテルを二度と利用しないかもしれない。その一方で, 友達はこのホテルのサービスに満足しているため, 機会があればまた利用するかもしれない。このように, 同じ製品, あるいはサービスを繰り返し使用することは, ロイヤルティと言われる。今までのロイヤルティ研究の流れの中では, ロイヤルティは「行動的アプローチ」,「態度的アプローチ」, および「行動的・態度的アプローチ」として捉えられてきた。

　ロイヤルティ研究の初期段階においては, 同じ製品・サービスを繰り返し購買・使用する「リピート購買行動」や, 同じ製品・サービスの購買・使用量が

購買する全製品・サービスの購買・使用量に占める割合である「購買シェア」などによって、ロイヤルティを測定した。この行動的アプローチに基づいて、多くの研究者とマーケターは同じ製品、あるいはサービスを繰り返し使用する顧客がロイヤルティを持っている顧客であると考えてきた。これらの考え方から見れば、同じ製品、あるいはサービスを購買・使用する回数や確率が多ければ多いほど、顧客のロイヤルティは高いことを意味している。例えば、同じホテルを何回も利用する顧客は、このホテルに対してロイヤルティを持っている顧客と考えられる。

　その他にも、行動的なアプローチのほか、ロイヤルティの態度的アプローチも多くの研究者とマーケターにより使われている。「態度」はある程度の好感、あるいは嫌悪感を伴い、特定の存在物を評価することによって表れた心理的な傾向であると定義されている[4]。そのため、態度的ロイヤルティは、顧客のある企業に対する長期的なコミットメントを表し、単にリピート購買の回数のような計測できるロイヤルティによって理解されるものではない[5]。例えば、同じホテルを頻繁に利用はしないけれど、このホテルに対して好感を持っている顧客は、態度的ロイヤルティがある顧客と考えられる.

　しかし、顧客ロイヤルティを単に行動的アプローチ、あるいは態度的アプローチだけで定義することは不十分であると、多くの研究者とマーケターは指摘している。Dick and Basu（ディックとバス）（1994）は相対的な「態度と愛顧行動」により、顧客ロイヤルティを「真のロイヤルティ」、「潜在的ロイヤルティ」、「偽のロイヤルティ」、「ノー・ロイヤルティ」の４つのグループに分けた。彼らによれば、製品・サービスに対する相対的な態度が低くて愛顧行動も低い場合は、「ノー・ロイヤルティ」と呼び、製品・サービスに対する相対的な態度が高くて愛顧の行動が低い場合は、「潜在的ロイヤルティ」と呼び、製品・サービスに対する相対的態度が低くて愛顧行動が高い場合は、「偽のロイヤルティ」と呼び、製品・サービスに対する相対的態度が高くて愛顧行動も高い場合は、「真のロイヤルティ」と呼ぶ[6]。

　ディックとバス（1994）は、この４つのグループのうち、「偽のロイヤルティ」

が企業にとって最も危険性があり，偽のロイヤルティを持つ顧客は維持しにくい
と指摘，偽のロイヤルティを避けるために，企業のロイヤルティ・プログラムを
見直す必要があると提案した。また，企業の製品・サービスに対して，好感が高
いのに購買行動が低い「潜在的ロイヤルティ」は，企業にとって最も厄介で，潜
在的ロイヤルティを真のロイヤルティに転換するため，プロモーションや報奨制
度などのような方法をいろいろと工夫する必要があると強調している。

　顧客のロイヤルティは複雑な心理的プロセスであるため，ロイヤルティにつ
いて行動的・態度的アプローチをすることが一般的である。言い換えれば，企
業に対する顧客ロイヤルティとは，実際にその企業の商品やサービスを利用す
るだけではなく，その企業に好感を抱き，将来的にも取引を続けたいという意
志を持つようになることである[7]。従って，単に「購買回数」あるいは「好感」
だけで，顧客ロイヤルティを定義することはできない。

3.　顧客ロイヤルティの重要性

　近年，生産財だけではなく，消費財においても顧客との安定的で，長期的な
リレーションシップを構築することがますます注目されてきている。石井・栗
木ら（2013）によれば，顧客との長期継続的な関係が注目され始めた背景と
して主に3つの点が挙げられる[8]。第一に，市場の成熟化前の成長期において
は，新規顧客を獲得することはそれほど難しくないが，市場が成熟期に入る
と，同じ産業内で競合する他社が増えるため，新規顧客を開拓することが困難
になって来る。第二に，アフターマーケットの拡大である。製品が高度化・複
雑化するとともに，アフターマーケットが広がり，製品を販売する時点だけで
なく，販売した後も製品に関するケアなどが必要となるため，売り手と買い手
の関係は長く続く。第三に，情報技術の発展である。情報技術の発展によりも
たらされる顧客データベースの構築は，顧客の好みなどを分析することによっ
て，顧客とより良好な関係を築き上げることを可能にした。

　新規顧客を獲得する費用は，既存顧客を維持する費用の何倍もかかるとよく

言われている。例えばホテルを例にとると，新規顧客に宿泊してもらうためには，インターネット，チラシ，テレビコマーシャル，旅行会社との連携など，さまざまな手段を通じて，自社のサービスを広告宣伝しなければならない。その費用は相当な金額になるにも関わらず，それらによって，必ずしも十分に新規顧客を獲得できるとは限らない。一方で，すでにそのホテルのサービスを利用した顧客（既存顧客）に対しては，彼らの顧客情報に基づき，顧客が関心を持っている事柄について，例えば定期的にメールで知らせたり，あるいは顧客にとって重要な記念日にカードやプレゼントを贈ったりすることなどによって，より既存顧客を満足させ，このホテルの利用を続けてもらうようにすることが可能である。

　新規顧客を獲得する難しさは，企業が顧客ロイヤルティを重視する理由の1つである。顧客ロイヤルティは企業にどのように貢献するのだろうか。多くの人が経験するような事例に基づいて，以下の諸点を見てみよう。

(1) 口コミによりもたらされる経済的メリット

　例えば，通っている美容院に対して，スタッフの親切さ，腕前の良さ，値段の合理性，店の清潔さ，立地の便利性などにとても満足しているような場合，この美容院を友達に紹介したり，インターネットのブログでこの美容院に関することを書いたりすることがある。それらのことを「ポジティブな口コミ」と呼び，企業にとって無形資産となる。特に，オピニオン・リーダーのロイヤルティを得ることで，企業に大きな収益をもたらすことが期待される。

(2) グレードアップによりもたらされる経済的メリット

　初めて行った美容院では，いきなり多くのサービス（例えば，カラー，トリートメントなど）を利用する人は割合少ない。それは馴染みがない美容院に対する金銭面と心理面の知覚リスクが高いからである。美容院のスタッフは，新規顧客に数多くのサービスをいきなり勧めることもしないだろう。しかし，この美容院に通っているうちに，満足に基づいて形成された顧客ロイヤルティが高

ければ，カット以外に，カラーやトリートメントなど，さまざまなサービスを
これらの顧客に利用してもらうことが可能になって来る。

(3) 価格プレミアムによりもたらされる経済的メリット

　上述のように，新規顧客を獲得するためにかかる費用は，既存顧客を維持す
る費用の何倍にもなる。それで，新規顧客を引き寄せるために，初回の料金を
割引することはよく見られることである。ある美容院では，初めの3回の料
金は通常料金より20％オフと設定されているが，4回目になると通常料金に
戻すことにしている。もちろん3回目のサービスを利用し終わったら，同じ
ような制度がある他の美容院にチェンジする顧客もあるだろうが，割引を求め
るために，わざわざ新しい美容院を探す顧客は少ないと思われる。顧客ロイヤ
ルティを築いた美容院は通常料金で十分な集客ができるし，またロイヤルティ
がある顧客は，若干の料金変動（例えば，ピーク時間の利用料金の値上げ）に対し
ても，それほど過敏には行動しない。

4.　顧客満足とロイヤルティにおける内的関連性

　怒りや不満などを持っている顧客は企業にとって悩みの種である。なぜなら，
これらの顧客は競合他社にスイッチするか，ネガティブな口コミを広げる恐れ
がある [9]。とはいえ，満足した顧客が必ずしも競合他社にスイッチしないとは
限らず，また現在の企業と長期的なリレーションシップを維持するとも限らな
い。これまでの研究においては，顧客満足とロイヤルティの間には，正の相関
があると証明されてきた。すなわち，ある特定の製品・サービスに対して，ロ
イヤルティを持っている顧客は，この製品・サービスに対する顧客満足度が高
いと言える。しかし，顧客が特定の製品・サービスに満足しているとは言え，
必ずしもこの製品・サービスに対するロイヤルティを持っているとは限らない。
その原因は，顧客満足のレベルにある。

　冒頭の「ホテル宿泊」の例には，顧客期待を超えれば，顧客満足が形成され，

顧客期待をはるかに超えれば，顧客感動が形成され，その結果，顧客ロイヤルティ（例えば，リピート購買，ポジティブな口コミなど）を生み出すことができると提示されている。実際には，顧客満足とロイヤルティにおける内的関連性は複雑であり，リレーションシップ・マーケティングの分野では，顧客満足とロイヤルティの関連性について，「先行変数としての顧客満足」，「調整変数としての顧客満足」および「媒介変数としての顧客満足」という3つの見解が存在している。以下では，ロイヤルティに対する「満足レベル」の効果に注目し，先行要因，調整要因および媒介要因としての顧客満足が，ロイヤルティと如何に関連しているかについて検討していく。

(1) ロイヤルティ研究における先行変数としての顧客満足

　顧客満足は企業と顧客の長期にわたるリレーションシップに強い影響を与える[10]。ライムら（2004）[11] は，満足した顧客がサービス提供者に好感を持ち，自分が利用したサービス，およびサービス提供者を知人に推奨する傾向があると主張している。顧客満足はリピート購買行動，ポジティブな口コミ，推奨意図，顧客ロイヤルティなどに強く関連していることが多くの先行研究によって検証されてきた。

　顧客満足度の高い企業は，顧客のリピート購買率が高く，その結果，企業の利益率を向上させることは多くの実例で証明されてきている。例えば，ホスピタリティ業界の顧客満足度が高いリッツカールトン・ホテルは，「紳士淑女をおもてなしする私たちもまた紳士淑女です」のモットー，およびサービスに関する「ゴールド・スタンダード」を基にして，顧客の心に残る世界一流のラグジュアリー・サービスを提供し，最高の顧客体験と顧客感動を創出しており，その結果，「リッツカールトン」というブランドを築き上げて，安定的な利益率を保ちつつある[12]。

(2) ロイヤルティ研究における調整変数としての顧客満足

　顧客の製品・サービスに対するロイヤルティの形成に関して，一部の研究で

42

は，顧客満足度を調整変数として捉えている。その中で，最も知られているのは，前章で取り上げたディックとバス（1994）の研究である。彼らの研究で提示した「態度」は物に対する価値判断でもあり，また製品・サービスに対する満足度とも解釈することができる。

　彼らの研究に基づき，顧客満足を調整変数として捉えるのがロイヤルティ・プログラムに関する研究である。ロイヤルティ・プログラムの手法を始めたのはアメリカン航空で，1970年代後半，同社はフリークェント・フライヤーズ・プログラムを導入し，同社のサービス利用の蓄積を運行マイレージとして換算することにより報奨を与え，次回利用を促すと言う仕組みを成功させた。その後，この制度は航空業界のみならず，カード業界や，ホテル業界によっても追随された。南（2006）によれば，ロイヤルティ・プログラムとは，購買の蓄積に対して報償を与えると言うもので，一般にポイント制と呼ばれるように，商品やサービスの購買ごとにポイントが与えられ，次回購入時にディスカウントを受けたり，あるいは現金の割り戻しを受けたりするという仕組みである[13]。

　ロイヤルティ・プログラムという名称は，少し馴染みの薄い言葉であるかも知れないが，実際に我々の生活の中にはかなり浸透していて，多くの企業が顧客のロイヤルティを獲得し，維持するために，さまざまなロイヤルティ・プログラムを工夫している。例えば，現在世界で導入されている航空会社のマイレージ・カードもよく知られたロイヤルティ・プログラムの1種で，航空券の購入などによってマイルを貯め，航空会社のいろいろな特典（例えば，航空券購入，提携ホテルの割引，優先搭乗など）を利用することができるようになっている。

(3) ロイヤルティ研究における媒介変数としての顧客満足

　「顧客満足―ロイヤルティ」の因果モデルは顧客の複雑な心理プロセスを表しているため，新たに他の変数を考慮する必要がある。その一つの例は日本版顧客満足指数モデル（Japanese Customer Satisfaction Index, JCSI）である。JCSIモデルにおいては，顧客満足とロイヤルティ以外に，顧客期待，知覚品質，知覚価値，推奨意向という4つの指標が取り上げられている[14]。

顧客期待は製品・サービスに対する知覚品質に強い影響を与えるが，顧客期待が高ければ高いほど，知覚品質が低くなってしまう。また，製品・サービスに対する高い知覚品質と知覚価値は，高い顧客満足度につながる。その結果，高い満足度を持っている顧客は，同じ製品・サービスを繰り返し利用したり，知人にポジティブな口コミをしたりすることになる。冒頭のホテルの例を再び考えてみれば，ホテルのサービスをそれほど期待しなかった顧客の感じていた品質，およびコストパフォーマンスが高かったため，顧客満足が形成され，満足した顧客は，同じホテルを再利用したり，知人に勧めたりすることが予想される。

5. 「究極の顧客経験」を創出する顧客ロイヤルティ戦略

顧客の期待を超える製品・サービスを提供することによって，顧客満足を向上させ，顧客のロイヤルティを形成することができるとは言っても，顧客ロイヤルティを育成するのは決して簡単なことではない。顧客が製品・サービスに満足していても，ロイヤルティを持つようになるとは限らない。特に，サービスは物の製品に比べ，「無形性」という特徴があり，顧客がサービス品質の良さを判断しにくく，ロイヤルティの育成は容易ではない。そこで，顧客を単に満足させるだけでなく，顧客を感動させるという「究極の顧客経験」を創出する必要がある。「究極の顧客経験」とは，顧客の心に残る最高のおもてなしを体験させることである[15]。以下，全日本空輸株式会社（ANA）とリッツカールトン・ホテル・カンパニーの事例を参考にして，顧客ロイヤルティ戦略につなぐ「究極の顧客経験」の創出を見てみよう。

(1) ANA の「究極の顧客経験」

航空業界のミシュランとして知られる英国の「SKYTRAX」の世界航空会社ランキングで，2017 年，ANA は 3 位で，5 つ星の航空会社として高く評価された。このような結果は，ANA が常に掲げている「お客様と共に最高の歓びを創る」のブランドビジョンによって生まれた結晶である。

エアライン事業には，他の産業にはない商品特性，すなわち，①使用する航空機が他社とほぼ同じ，②空港を他社と共同で使用すること，③提供するサービスや運賃が他社に真似されやすいこと，④顧客との対面サービスの占める比率が高いこと，⑤航空サービスの商品が「印象」や「体験」のみと見なされやすいため[16]，差別化をしにくいことなどの問題点が指摘されている。しかし，他社との差別化戦略を行わなければ，自社のブランドを育成することができないので，ANAでは，「ANAらしさ」を顧客に感じさせることが極めて重要であると考え，2004年「ANAグループ経営計画」を発端にした「ひまわりプロジェクト」を策定した。その中に，持続的競争優位を確立するためのブランド戦略を定めるために，他社が追随できない「ANAらしさ」を確立し，「ひまわり」で表現するプランがあった。

どのような商品やサービスでも，いつか真似される時が来るが，それを支える「ひと」によって織り成された企業文化は真似できない[17]。ANAグループのDNAともいうべき「マインド＆スピリット」と組織の「発揮プロセス」の掛け算は，ANAが追求しつつある「ANAらしさ」であり，この「ANAらしさ」は，変化している「お客様の期待」を常に越えなければならない。

サービスには「無形性」の特性があるため，品質の良さは，フロントラインの従業員の対応によって変わってくる。例えば，同じ機内サービスであっても，笑顔で対応してくれる客室乗務員とそうでない客室乗務員から，顧客の感じ取ったサービス品質と顧客満足度はかなり異なるであろう。ANAの教育訓練の中では，「接客」の代わりに，「接遇」という言葉を使用し，「お客様のことを思って，何かをお伝えする，もてなした時に必ず何かお客様から返ってくる」という「おもてなしあう」の接遇哲学が含まれている[18]。「お客様と共に最高の歓びを創る」ことが，ANAが目指している「究極の顧客経験」である。

(2) リッツカールトン・ホテルの「究極の顧客経験」

「お客様は常に正しい」と，リッツカールトン・ホテル・カンパニーの創立者であるセザール・リッツはこう語った。彼は顧客のニーズをはるかに超えた

感動的な瞬間を数多く作り出し，それは1世紀以上に亙ったリッツカールトン・ホテルのDNAであり，世界最高と認められる宿泊施設やライフスタイルを提供するブランドの確立につながった。

多くの企業はビジョン，目的，価値観などを企業文化として掲げている。リッツカールトンではこのような企業文化を，すべての従業員がすぐに頭に思い浮かべるようにしており，リッツカールトンのDNAとも言われる「ゴールド・スタンダード」の成功を導くための指針にしているその1つとして，リッツカールトンでは，顧客が言葉にしていない願望やニーズを先読みして，顧客を感動させるようにしている。例えば，結婚記念日で訪れたカップルの部屋には，チョコレートでコーティングしたイチゴ，アイスクーラーに入ったシャンパン，総支配人からのお祝いメッセージなどを届けたり，妊娠中のお客に体を支えるための抱き枕を用意したりしている。このような細かい心遣いによって生まれる顧客感動は，リッツカールトンでは「ワオ体験」と呼ばれており，どのようにして，顧客に数多くの「ワオ体験」をさせるかは，リッツカールトンが常に考えていることなのである[19]。

仮に，あなたがある高級ホテルの支配人であるとして，あなたのホテルに1か月間滞在する予定のビジネスマンに，どのような「最高のおもてなし」を提供することができるかを考えてみよう。多分そのお客に仕事ができる部屋の環境を整えたり，モーニングコールをしたりするだろうが，このようなサービスによって，顧客から「満足した」という答えを得ることはできても，「大変満足した」との評価は得られないと思う。リッツカールトンの場合，1か月滞在のビジネスマンの好きなスナック，雑誌，映画，音楽を調べたうえで，必要なものをすべて用意し，また，長期滞在のため，リッツカールトンの住所が入った名刺も，そのビジネスマンのために作成し，提供するだろう。

リッツカールトンは，従業員の教育に力を入れてきているが，その中で，最も知られているのは，「私たちは紳士淑女をおもてなしする紳士淑女です」というモットーである。それは，すべての従業員がプロフェッショナルとして，お客様を尊敬し，品位を持って接するという意味であり，時代を超えて変わら

ない誇りを表している。また，現場にいる従業員には自分で判断し行動する力（エンパワーメント）が与えられており，これは，マニュアルを超えたサービスが大きな感動を生むからだと言われている。

　顧客志向の経営に，顧客との安定的で長期的なリレーションシップを構築することは欠かすことができない。このような理想的なリレーションシップを構築する原点は，顧客を満足させることにある。顧客が製品・サービスに対して，満足するかどうかは，その製品・サービスを購入・利用する前の期待により左右される。つまり，顧客満足の決定要因は，決して製品・サービスの品質だけではなく，顧客の実際に感じた品質が，事前期待を上回れば，顧客は満足するが，事前期待を下回れば，顧客は不満に感じる。さらに，顧客にサプライズを与えることによって，事前期待をはるかに上回らせれば，喜び，楽しみ，驚きなどの一連の感情を伴う顧客感動が形成される。

　今までの研究によれば，顧客ロイヤルティを３つのアプローチ，すなわち，「行動的アプローチ」，「態度的アプローチ」「行動・態度的アプローチ」によって捉えることが可能であった。しかし，顧客ロイヤルティを単にリピート購買回数（行動的アプローチ），あるいは製品・サービスに対する好感（態度的アプローチ）だけで，定義することは不十分であると指摘されており，現在では，アカデミックな世界でも，ビジネス世界でも，顧客ロイヤルティを企業に好感を抱く（好意的な態度），さらに将来的にも取引続けたい（愛顧の行動）によって定義することが一般的となっている。

　顧客ロイヤルティを獲得した企業は，多くの経済的メリットを得ていると言われているが，得られる経済的メリットは，ポジティブな口コミ，グレードアップ，人件費の削減と価格プレミアムという４つの側面から取り上げることができる。

　顧客満足とロイヤルティの内的関連性については，顧客満足がロイヤルティの先行変数，調整変数，媒介変数という３つの関連性が取り上げられている。特に，媒介変数としての顧客満足において，，顧客満足を引き出す要因（顧客期待，

第 3 章　顧客満足と顧客ロイヤルティ戦略　*47*

知覚品質，知覚価値），および顧客満足によって形成された結果（推奨意向とロイ
ヤルティ）の因果関係を明確にしたものとして，日本版顧客満足度指数モデル
が近年注目されてきている。

　「究極の顧客経験」を創出するのには，フロントラインにいる従業員が極め
て重要な役割を果たしている。いかに顧客のニーズを先読みするか，顧客の期
待を超えるサービスを提供するか，顧客に「ワオ体験」をさせるチャンスを見
逃さないかは，企業の DNA とも言うべき組織文化と強く関わっており，また，
個々の従業員が，さまざまな顧客感動の瞬間を作り出すことによって，企業の
ブランド力を向上させたり，顧客の企業に対するロイヤルティを形成させたり
することにつながってくるであろう。

注

1)　Zeithaml, V.A. (ed.), Review of Marketing 1900, Chicago: American Marketing
　　Association, 1990 Youjae Yi, "A Critical Review of Customer Satisfaction." Lovelock,
　　C. H. and J. Wirtz, *Service Marketing: People, Technology, Strategy*, 6th edition,
　　Prentice Hall, 2007. (白井義男監修 / 武田玲子訳『ラブロック＆ウィルツのサービス・
　　マーケティング』, 2008 年, 71 頁)

2)　Oliver, Richard L., *Satisfaction: A Behavior Perspective on the Consumer*,
　　New York:McGraw-Hill, 1997, Lovelock, C.H. and J. Wirtz (白井義男監修 / 武田
　　玲子訳, 前掲訳書, 71 頁)

3)　Gottlieb, J., Grewal, D., & Brown, S.W., "Consumer satisfaction and perceived
　　quality: Complementary or divergent constructs", *Journal of Applied Psychology*,
　　Vol. 79 No. 6, 1994, pp.875-885.

4)　Eagly, Alice H, and Chaiken Shelly,*"The nature of attitudes in the psychology
　　of attitudes"*, Fort Worth, TX: Harcourt Brace Jovanovich College Publishers,
　　1993, pp.1-22.

5)　Shankar, V., Smith, A. K., & Rangaswamy, A., *Customer satisfaction and loyalty
　　online and offline environments e-Business Research Center Working Paper 02-
　　2000*, Penn State University.

6)　Dick, A.S. and Basu K, "Customer Loyalty: Toward an integrated conceptual
　　framework", *Journal of the Academy of Marketing Science*, Vol. 22, 1994, pp. 99-
　　113.

7)　Lovelock, C. H. and J. Wirtz, Service Marketing: People, *Technology, Strategy*,
　　6th edition, Prentice Hall, 2007. (白井義男監修 / 武田玲子訳, 前掲訳書, 71 頁)

8) 石井淳蔵・栗木契・嶋口充輝・余田拓郎『ゼミナール・マーケティング入門』(第2版) 日本経済新聞社, 2013 年, 395-396 頁。

9) Lovelock, C. H. and J. Wirtz, Service Marketing: People, *Technology, Strategy*, 6th edition, Prentice Hall, 2007. (白井義男監修 / 武田玲子訳, 前掲訳書, 71 頁)

10) Mittal, Vikas and Wagner A. Kamakura, "Satisfaction, Repurchase Intent, and Repurchase Behavior: Investigating the Moderating Effect of Customer Characteristics", *Journal of Marketing Research*, Vol.38, February, 2001, pp.131-42.

11) Lam, S.Y., Shankar, V., Erramilli, M.K. and Murthy, B., "Customer value, satisfaction, loyalty, and switching costs: an illustration form a business-to-business service context", *Journal of the Academy of Marketing Science*, Vol.32, 2004, pp. 293-311.

12) Michelli, Joseph.A, *The New Gold Standard*, McGraw-Hill, 2008. (月沢李歌子訳『ゴールド・スタンダード』2009 年)

13) 南知恵子『顧客リレーションシップ戦略』有斐閣, 2006 年, 85 頁。

14) 公益財団法人日本生産性本部「JCSI　日本版顧客満足度指数」https://consul.jpc-net.jp/jcsi/jcsi_causal_model.html　(2018 年9 月10 日閲覧)

15) Michelli, Joseph,A., The *New Gold Standard*, McGraw-Hill, 2008. (前掲訳書)

16) 日本生産性本部『ANA が目指すCS（第6 版)』生産性出版, 2016 年, 63-64 頁。

17) 同上, 65 頁。

18) 同上, 111 頁。

19) Michelli, Joseph.A., *The New Gold Standard*, McGraw-Hill, 2008, (前掲訳書)

第4章　サービス・インタラクションと
　　　　リレーションシップ

1.　サービス・マーケティングの基本

　サービスのマーケティングでは，従業員による活動を通して価値を創造したり，その提供している時間（プロセス）そのものが商品となることが多い。またその結果（どう変化したか）が価値として認められ，評価されることもある。さらにサービスのマーケティングでは，より良い成果や満足の達成のために，顧客側の積極的な参加を求める。それは価値を高めるための参加活動であり，価値を共に創造する従業員は顧客により参加を促すようモチベーションを高める重要な役割を担う。

　現代では，産業に占めるサービス産業の高まりが見られるようになった。これまでより多くの人員をサービス産業に従事させ，パートやアルバイトの従業員にも即戦略として活躍させるために，飲食業や小売業などでは，詳細な業務作法をマニュアルとして記すことで，従業員の経験に頼らず仕事を遂行させることができ，従業員の雇用と店舗の拡大を高いスピードで進めることができるようになった。例えば良品計画では無印良品の店舗の運営における作業を「ムジグラム」マニュアルとして事細かに記し，海外の店舗における運営に活用している。これらのマニュアルは店舗運営および接客サービスにおける標準化や均質化を達成することにより，規模の拡大を目指すためには非常に効率的なものであった。

　しかしマニュアルに類するものでは十分に対応できないサービスが現代では多くの産業でも求められるようになった。例えば，ホテルや美容室などにおけ

50

るサービスである。こうした産業ではサービスは，マニュアル通りに行われる
ものというよりも，むしろ「おもてなし」や良好な関係性を継続するためのコ
ミュニケーションとして考えることもできる。ここで，サービスというものが
もつ意味をより広い意味で捉え直す必要がある。顧客に提供されるサービスと
は，作業や活動という単純なものを超えて，顧客と過ごす時間の形成，顧客の
心を動かす会話・表情，用具・設備・備品や店内空間の雰囲気など多くの視点
をもってサービスを捉え直す必要がある。

　サービス・マーケティングはインターナル・マーケティング，エクスターナ
ル・マーケティング，インタラクティブ・マーケティングの３つから構成される。
これらの有機的結合によって，最高の成果が獲得される。インターナル・マー
ケティングは組織内部の従業員に向けてのマーケティングである。インタラク
ティブ・マーケティングは接客従業員と顧客との接点におけるインタラクショ
ンに関する技法や情報である。エクスターナル・マーケティングは主に外部へ
のコミュニケーション活動として位置付けられる。

2．インターナル・マーケティング

　インターナル・マーケティングは組織内の従業員に向いて主に行われるマー
ケティングであり，昨今では非常に重要視されるようになった。インターナル・
マーケティングには，主に２つの考え方が併存している[1]。１つはサービスと
は顧客と従業員のインタラクションによって価値が創造されるという考えか
ら，この２者間により良い関係性を築くことの重要性を従業員に説明し，ま
たそのためのコミュニケーションやインタラクション対応における価値観の学
習を行うことである。サービス・マーケティングとリレーションシップ・マー
ケティングが共通して捉えてきた考え方として，従業員すべてがマーケターと
しての役割を部分的に担っているという意識を持たせることの重要性がある。
現場で組織の一員としてサービス活動を行う従業員は組織の代表者でもあり，
顧客の価値創造に対して直接的に影響を与える位置づけでもあるという認識で

ある。2つ目は，現場で活動を担う従業員が，より良く顧客とインタラクションし，関係性を築くために，まず従業員自身の働く環境や，働くモチベーションを向上させ，顧客へのサービス価値創造力を高めるという考え方である。ここでは従業員は，「内部顧客」として考えられ，働く従業員自身も自社の顧客であり，顧客として大切に扱い，より良い関係性を構築していく必要性があるという認識である。ヘスケット（Heskett）ら[2]によって提唱されたサービス・プロフィット・チェーンがある。まずはじめに従業員が働きやすい環境を提供することによって，従業員は働くモチベーションを高め，顧客に満足を与えるサービスの提供に意欲的に取り組む。したがってそれらは顧客満足を高め，企業の利益につながる。また顧客が満足し，継続的なロイヤルティを形成していく成果は，従業員の次なるモチベーションを高めることにつながる。こうした良循環が形成されることである。

　以上の2つの意味での社内の従業員に向けたマーケティングを展開することを広く含みインターナル・マーケティングとすることが多い。

　インターナル・マーケティングは組織全員がビジョンに向かって共鳴するように方向性をつくり，一人ひとりが自分ごととして価値創造を考慮するように行うことを目的として行われる。インターナル・マーケティングとして主となるのは従業員の教育活動であり，従業員に関する価値観教育や，思想・哲学を磨くことにより，企業の価値をより自分ごととして捉え，次に続く者へと，その価値観を導く伝道者（エヴァンジェリスト）の育成を最重要視する。

3. インタラクティブ・マーケティング

　インタラクティブ・マーケティングとは，従業員と顧客が接する場での活動をより良いインタラクションが行われ，関係性構築につながるようにサービス・プロセスを管理することである。サービスとは，その多くが従業員のみ，もしくは顧客のみで完結するものではなく，従業員と顧客の2者が互いにインタラクションを行い，共に価値を創造していくプロセスである。そこでは顧客はサー

ビスの受け手だけではなく，共同生産者としての認識である。これらが最も生じるサービス環境は，顧客自身の身体や心の治療であったり，体型・美容などの改善である。これらは顧客自身の身体や心を変化させるための価値創造であるため，サービス提供者のより専門的な知識や技術をもってしても，最大の価値を達成するためには未だ足りない。そこには顧客の自身を変えたいという意思や目標達成へのモチベーションの向上が同時に必要となる。このような顧客の意欲的な参加はサービスの価値や品質を高めるための重要な要素となる。

　より高度なサービスとして顧客の体型や美容の変化という価値を提供するサービスでは，それぞれの顧客のトレーニング内容の個別指導や，生活の調査・指導などを合わせて行っている。そこでは，今まで蓄積されたノウハウの活用だけでなく，その顧客に特に適合する改善内容をサービス提供者自身が考えて提案することも含まれる。

　サービスが創造される空間は，さらに従業員と顧客のインタラクションの成果だけでなく，インタラクションが行われる環境への配慮も含まれる。こうしたサービスが実際に創造される空間（サービス・スケープ）については後の章において見ることにしたい。

　インタラクティブ・マーケティングでは，顧客と従業員が接する場のことを，サービス・エンカウンター（サービスに遭遇する場面）として捉え，そこでのサービスが行われるプロセスを大切に扱うという考え方から，この時間を「真実の瞬間」と呼ぶ 。この時間を適切に管理できることが，顧客とのより良い関係性の構築へとつなげていくことになる。

　特に，サービスが創造されるインタラクションにおける場の感情やムードの重要性が，サービス研究で行われるようになった。サービスエンカウンターが本質的に人と人とのインタラクションであるとともに，感情やムードが人間の関係性の重要な要素として役割を果たしている。マティーラとエンズ（Mattila & Enz, 2002 年）[3] は，消費者のサービスエンカウンターに対する反応における感情およびムードの影響について，特に多くのファーストクラスホテルのフロントのサービススタッフと消費者の間のインタラクションを考察した。それ

らは消費者のサービスエンカウンターの直前のムード，およびサービスエンカ
ウンターにおける消費者によって表出された感情への遭遇（顔の表情，ボディラ
ンゲージ，ジェスチャー，声の調子およびボディランゲージを通じて測定された）は，
強く消費者のサービスエンカウンターや組織の最終的な評価につながることを
明らかにした。しかしながら彼らは，さらに消費者の所与のサービスエンカウ
ンターの評価が，サービスを提供する従業員へ恐らく反映されないかもしれな
いことを明らかにした。ここで示唆されることは，サービス組織によって，特
に消費者の認識と従業員の認識の間に「ギャップ」があるかもしれないので，
消費者のムードおよび表出された感情により対応できるように従業員を訓練す
ることにより，消費者のサービスの評価が改善されるかもしれないということ
である。ヘニッヒ・サットラー（Hennig-Thurau, 2006年）[4]は，サービスエ
ンカウンターに感情的伝染および感情的労働を調査した。感情的伝染は，顧客
がサービス従業員のムードを「捕らえる」範囲を意味する。感情的労働は従業
員の期待された感情の表出である。例えば，従業員は，微笑み，かつ顧客によ
い一日を祈るように激励できるかもしれない。レンタルビデオ業に関する彼ら
の研究では，従業員の感情の表出が顧客の感情や情緒の状態に影響することを
明らかにした。さらに従業員が彼らの感情的な表出自体が本物であるというこ
とが分かった時，顧客の感情により大きな効果があったことが示された。この
研究では，サービスエンカウンターでの顧客の感情の状態の変化がサービスに
対する顧客の満足に影響することが示された。

　最後にサービスに対する不満やクレームを持つ顧客への対応に関する問題で
ある。不満やクレームはアイデアの源泉の1つとも言われる。ここでサービ
スリカバリーへの準備を行うことが重要となる。サービスリカバリーによって
消費者がサービス企業との関係性を放棄するか継続するかどうか決定したり，
有害なネガティブパブリシティを防ぐことができるかもしれない。「リカバリー
の逆説」とは，顧客が経験するサービスリカバリーによって，不満やクレーム
を持っていた消費者が感動し，逆に企業と深い関係性を築きたいと考えるよう
になった現象に対して与えられたものであり，それは元々の状態よりさらに高

いロイヤルティ，高い満足を持つようになる。

4. エクスターナル・マーケティング

エクスターナル・マーケティングは，古典的なマーケティングにおける販売マーケティング・コミュニケーションに類似した側面を有する。すなわち，社内以外のステークホルダー（社外関係性）に向けてより広く情報を発信する活動のことである。サービス企業に関する情報の発信はこれまでは主に口コミを通じた信用性に力点をおいて考慮されてきたが，インターネットや SNS などを通じた口コミの影響力の増加や，マスメディアなどを積極的に活用した情報発信によってより幅広い社外のステークホルダーへの情報発信を行っていくことの重要性が認識されるようになった。

よりマーケティングにおける販売促進戦略では，短期的な売上を上げるためにセールス・プロモーションの役割がしばしば取り上げられてきたが，一方でこれらのブランド価値やロイヤルティに対する逆効果の側面も示されるようになった。これらの活動は長期的にブランド・イメージの低下につながる可能性があるからである。広告も同様である。広告の表現内容によっては，例えばラグジュアリーブランド企業はこれまでテレビ CM などを通じた広告活動をあまり行っておらず，信用性が高くよりターゲットが絞られた新聞や雑誌に広告を行ってきた。しかし，現代ではこうしたラグジュアリーブランドにおいても表現の工夫によってテレビ CM を行う企業も存在するようになった。企業のコミュニケーションを行うメディアという意味では，PR（パブリック・リレーション）や，店舗の空間や雰囲気のデザイン，イベントの企画などを通じてさまざまなコミュニケーションが行われている。エクスターナル・マーケティングはこうした活動を通じて，組織内部の従業員だけでなく，広く企業に関係するステークホルダーとの関係性を構築していく意図が含まれる。

企業によるコミュニケーション活動は，社会や世論にも時に影響を与えることがある。例えば，近年活用が増えている企業広告によるコーポレートメッセー

ジの発信や，企業の社会貢献活動の紹介，また公共広告の発信による世論に対する訴えかけや啓蒙活動である。

　サービス・コミュニケーションにおいて行われるのが，顧客の期待を高めるという役割である。顧客は企業のコミュニケーションによってある一定の期待を抱く。期待は「顧客への誓約」であるとみなすことができる。誓約とは企業が顧客に対して約束する事柄である。サービス企業が陥る一番大きな間違いが，企業の過大な誓約であり，その誓約がとても達成できないものであれば，顧客の失望と信頼の低下を招いてしまう。これらは顧客との関係性構築において基盤となるものである。サービスの多くが経験を経て成果が実感できるもしくは，場合によっては自身でも詳細に実感できない場合もあるため，誓約を有効に活用することは，サービスの受け手側により未来を想像させ，安心して活動に参加させるモチベーションを高めることにも役立つ。多くのサービス業界では自社のサービスに魅力を持たせるために自社への期待を高め過ぎる誘惑に駆られる。しばしば過大な誓約を企業に提供しすぎたために，非現実的な期待を生み出すことにつながることがある。より賢明な顧客に利用を促し，長期的な関係性を構築するためには，信頼できる正しい誓約を行うことが理想的である。

5.　サービス・コミュニケーション戦略

　基本的なマーケティング・コミュニケーションツールは通常5つに分類される。すなわち，人的要員，広告，パブリシティ，セールス・プロモーション，スポンサーシップである。それぞれが，異なる特性と効果をもっており，それぞれのツールをうまく相乗効果をもたらすように活用すべきである。具体的には，サービス提供者を中心とする人的要員は，サービス企業にとっては最も重要となるものであり，顧客との双方向のインタラクションを通じたコミュニケーションが可能であり，顧客によって臨機応変にメッセージややり取りを調整することができる。広告は，より低い1人あたりのコストで，幅広いターゲットに素早く情報を伝達することに関して力を発揮する。特に認知度の向上には

とても有用である。パブリシティは，最も信頼ある情報源として第三者である報道機関から行われるコミュニケーションであり，企業への信頼や威信を与えることが出来る。セールス・プロモーションは，特に短期的な売上を即時の効果として上げたい場合に活用されるツールである。最後にスポンサーシップは，より限定されたターゲットに対して企業の存在や企業活動を認知させることができる。こうしたたくさんのコミュニケーションツールをよりうまく活用することが求められるが，特に顧客の頭の中に残る強力なメッセージを伝えるために，それぞれのツールでのメッセージがより一貫性を持ったものとして管理することが，より顧客の知識に関連付けられ易い情報を生み出し，顧客の情報の解釈のブレを少なくすることにつながるのである。

　顧客は，さまざまな情報源から，さまざまなメッセージを受け取っているが，必ずしもメッセージの情報発信源を区別しているわけではなく，１つの組織についての１つのメッセージであると捉えている。

(1) ターゲットの設定

　コミュニケーションにはより戦略的なターゲットを設定することが重要である。より一般的なサービス事業者がよく陥ることとして，あいまいなターゲット設定によってコミュニケーションの効果や目的があいまいでありかつ，間違ったターゲットに対してコミュニーションをしている場合がある。マスメディアを通じたコミュニケーションでは，より細かいターゲッティングを可能とするメディア戦略が行われるが，ターゲット以外の聴衆にもメッセージが伝わりサービス産業として間違ったターゲットに訴求してしまうことが起こりうる。例えば，ペプシコーラが若者向けにターゲットを設定して頻繁にコミュニケーションを行っているが，時に中高年の視聴者にもメッセージが伝わることがある。この場合は何も問題はない。しかし，ある高年齢層をターゲットにしていたレストランがマスメディアで間違ったターゲットに対してメッセージを送り，２つの異なる層が来年することとなり，どちらの層も互いに共存することができず満足につながらなかったということがあった。こうしたサービス業

第4章　サービス・インタラクションとリレーションシップ　57

特有の異なるターゲット2つ以上に訴求してしまったことによって，その後のサービス提供空間でのイメージや顧客の経験に関する混乱が生まれ，最終的に顧客の満足や関係性に関して影響を与える。

(2) コミュニケーション目的の設定

　コミュニケーションの目的は，さまざまで，例えば情報伝達であるのか，それとも説得や想起であるのかでコミュニケーション実践は異なる。企業の成長段階によってその目的を合わせていく手法が一般的なマーケティングでは採用される。成長段階では，まず認知度が重要であるので，広告などを中心とした情報提供活動が重視される。企業自体に関してや，サービス価値についての情報提供が主となる。企業の成熟段階では，自社の企業やサービス提供物に対するより説得力の高い情報が求められる。競合他社との競争の激化や新しく生まれるサービス企業の存在を意識し始める段階でもある。多く存在する同様のサービス企業の中で，自社はどのように顧客に選ばれる価値を提供する企業として位置づけていくのかを熟慮する段階である。より事業の成長性が停滞する成熟段階では，2つの方向性のコミュニケーションが考えられる。1つは，自社のサービス購買について想起してもらうための情報を提供することである。車検の時期が近づいた顧客に対して，車検サービスとして自社のサービスの存在を想起させておくことと同時に，セールス・プロモーションを組み合わせる例もよく行われている。2つ目としては，購買を考えていなかった顧客の態度を変えるコミュニケーションの提示である。これまでは何らかの理由で自社のサービスを購買していなかった顧客に対して，その理由となる懸念や不安を取り除き，自社のサービスがより価値をもたらす存在であることを知らしめ，顧客の態度を変えるために行うコミュニケーションである。これまで，自分で行ったほうが早い，依頼すると時間がかかるし，費用も高くつく，などそうした顧客の思い込みを払拭するようなコミュニケーションが求められる。

（3）サービス・コミュニケーションチャネルの分析

　最後に企業のサービス・コミュニケーションをよりホリスティックに捉えることの重要性である。ダンカン＆モリアルティ（Duncan&Moriarty）[5]は，コミュニケーションについて①計画されたメッセージ，②製品メッセージ，③サービス・メッセージ，④計画されないメッセージとして分類している。①計画されたメッセージは，従来型のマーケティング・コミュニケーションであり，広告，ウェブサイト，従業員が含まれる。これらについて彼らは最も信頼性の低いものであるという。②製品メッセージは，製品自体から顧客に発信されるメッセージであり，製造方法や機能などが含まれる。③サービス・メッセージは，サービス・プロセスにおけるメッセージであり，従業員の態度や言動，サービス提供におけるプロセスのシナリオ，サービス提供空間（サービス・スケープ）などが含まれる。ここでは特に顧客と従業員のインタラクションが重要である。顧客は直接の体験を通じて企業全体を見通すため，ここでのメッセージの信頼性は高い。④計画されないメッセージは，顧客同士の対話，口コミ，ネット上の口コミ，マスコミによる報道などが含まれており，これらは企業による介入が難しいために，最も信頼性が高いものとして認識される。企業は，これらの4つのメッセージについて，一貫性のあるメッセージを届けられるよう，マネジメントしなければならない。企業が発信する計画されたメッセージと，実際に提供される製品やサービスのメッセージが食い違えば，当然顧客は計画されないメッセージをネガティブに発信することになるだろう。一貫したメッセージを提供することは，より強力なコミュニケーションを生むことになる。

6．心に響くサービス　―ユナイテッドアローズ―　[6]

　ファッション専門店であり，セレクトショップ業態を中心とするユナイテッドアローズの接客サービスは顧客に高く評価されており，同業者からも高い評判を得ている。

　ユナイテッドアローズは，元々セレクトショップ業態としてはじまり，ビジ

ネスモデルとしては，自社が仕入れた商品を店頭で販売することを主として行ってきた。そのビジネスモデルは販売活動の上で進化を遂げてきた。自主企画商品（オリジナル商品，PB）の開発も同時に行うことで，収益性の安定・拡大，他社との商品の差別化を確立し，現在までに SPA 型のビジネスモデルを一部採用するようになってきた。ユナイテッドアローズではいくつかのブランド（レーベル）をもっており，それぞれ 100％ 仕入れ形態を採るものから，100％ オリジナル企画形式を採るもの，その中間形態のものまで拡がりがある。ユナイテッドアローズのブランドの中でも，「オデット エ オディール」，「グリーンレーベルリラクシング」「ビューティー＆ユース」「アナザーエディション」のレーベルのオリジナル比率が高い。これらのレーベルをセレクト編集型 SPA と呼んでいる。その他に QR/SPA 型として「coen（コーエン）」を，ブランドビジネス型として「クロムハーツ」を運営することにより，幅広い品目やテイストの商品を取り扱うことによって，ターゲットとするマーケットの中での顧客層の拡大と多様化するニーズへの対応を実現している。仕入れを行う商品では，メーカーから仕入れた商品を販売することになるが，自主企画製品であれば，ある価格帯の商品を原価率からどのような素材で企画するかなどをすべてコントロールできる。そのため，オリジナル商品が仕入れ商品より粗利率が高いのである。

　ユナイテッドアローズでは企画，製造，販売の連携を重要と考える。これらの連携が一時うまくいかないことで顧客が本当に求める商品づくりができなくなった。2007 年から 2009 年の間，成長拡大構想を掲げたものの，人材育成や商品プラットフォームなどの仕組みの構築が未熟なまま事業・店舗の拡大を進めたため，売上計画の未達，売上総利益率の低下が見られた。特に人材の育成の遅れや，オペレーションの仕組みの未完成が目立った。しかしながら，アパレル産業全体の業績が低迷している中，現在までユナイテッドアローズの売上は創業から継続的に右肩上がりを続けており，これらにはいくつかの他社にはない強みが関係している。その 1 つが顧客サービスとおもてなしである。

　ユナイテッドアローズでは，その経営は商品ありきではないと考える。サー

ビス，販売，接客サービス，店舗内環境などの総合的なものを提供する。ユナイテッドアローズは元々小売からはスタートしており，店舗を起点としたビジネス活動を重視する。そのためお客様の声を日々収集し，次のものづくりにすぐに反映させられる仕組みをビジネスモデルとして確立している点が優位性となっている。長期的に顧客との関係性を構築し，顧客満足を重視する仕組みに関する経験が蓄積されていることが，より収益率の拡大要因となっている。また顧客の要望をものづくりへ連携させ柔軟に対応できるシステムを構築してきたことも優位性となっている。ユナイテッドアローズが顧客から支持をされている最大の理由は，商品力や品質の面での要因だけではなく，顧客が販売員を指名することもあるような関係性が構築されており，この人（販売員）から買いたいという要望がある。接客を行う販売員を非常に重視しており，一人ひとりの販売はそれぞれに創意工夫し，多くのエクセレント・サービスの逸話を生み出している。販売員による接客サービスや心のこもったおもてなしがブランド構築を担っている部分が大きいと考える。いかに販売員がお客様に当初想定していなかった驚きや，提案を行い，喜んでいただくということも重要であり，そこでは社員全体への教育を推進する仕組みや特に自社の理念を伝達，浸透させることが最も重要であると考えており，今後も力を入れていく計画である。

注

1) 南知恵子「リレーションシップ・マーケティングにおけるサービス・マーケティング・アプローチの理論的貢献」『國民経済誌』神戸大学経済経営学会197(5)，2008年，33 – 50頁。

2) J. L. Heskett, T. O. Jones, G. W. Loveman, W. E. Sasser, Jr., and L. A. Schlesinger, "Putting the Service-Profit Chain to Work," *Harvard Business Review*, March-April 1994（小野譲司訳「サービス・プロフィット・チェーンの実践法」『ダイアモンド・ハーバード・ビジネス・レビュー』1994年）。

3) Mattila, A. S., & Enz, C. A., "The role of emotions in service encounters," *Journal of Service Research*, 4 (4), 2002, pp.268-277.

4) Hennig-Thurau, T., Groth, M., Paul, M., & Gremler, D. D., "Are all smiles created equal? How emotional contagion and emotional labour affect service relationships, *Journal of Marketing*, 2006, 70, pp.58-73.

5) トム・ダンカン，サンドラ・モリアルティ著『ブランド価値を高める統合型マーケティング戦略』ダイヤモンド社，1999年，102-190頁。

6) 岡山武史・武学穎・浦上拓也「アパレル産業における販路選択と企業パフォーマンスについて」『ファッションビジネス学会論文誌』20号，2015年3月，67-76頁。

第5章　顧客経験とリレーションシップ

1．価値基準の変化

　現在，我々は経済の進化により豊かな社会で生活を営んでいる。その豊かさとは，低価格でそれなりの品質の商品を手に入れたり，サービスを購買したりできることが含まれる。産業の機械化による低コスト化やグローバル化による商品調達によって，消費されるものの価値が相対的に低くなり，ごくありふれた一般的なものとなる，顧客の満足を下げてしまうコモディティ化現象が起こっている。

　これらはサービス消費においても同様である。例えば，初期のサービス産業の価値は「自分ではできないこと」「自分はしたくないこと」を企業が提供することによる価値提供であった。自分でできないことを提供するサービスは今日ではその質量共に進化を遂げている。こうした膨大なサービス商品の出現とサービス産業が拡大する環境では，消費者はより価値を判断する力を持ち，彼らの資金はより価値が高いと判断する消費に向けられ，それら以外のものはより低いコストで購買しようとする。

　より高次のサービスとして「経験」が注目を浴びた。人々はより良い人生の時間を求めているとすると，その1シーンで例えば，子供や妻との時間，友人との語らい，結婚式，家族や旅行などがある。「経験」は自分や関係する相手と思い出に残る，イベントをつくること，そのために協力企業に対価を支払うという認識である。これらは「経験」を対象とする産業であり，ここでいう「経験」とは，過去に行動を通して得た経験という意味ではなく，「今，ここで」自分自身が感じる経験を表す。ここではあくまでも個人的出来事としての経験から

価値を生み出すのは顧客であり，企業は経験としての価値を生み出す支援や場づくりをする役割を担う。こうした経験は，形のあるモノとして残るものではなく，何かを解決するためのものでもないが，人々の記憶の中に長期的に残るものを生み出すので，高次の価値として評価されているのである。企業やブランドに関連した経験は，これらの感覚，感情，認知的な刺激に喚起された行動を含み，長期的には企業やブランドの経験が消費者との感情的な絆を結ぶ関係性に発展する。

2．経験価値

1980年代から消費者行動研究に新たな展開が見られるようになった。例えば，音楽の演奏を聞く，演劇鑑賞，絵画鑑賞にお金を支払うことである。こうした行為は，物を買う行為とは異なるし，何かを解決するための消費するサービス（車の修理やクリーニングなど）を買う行為とも異なる。こうした行為は何かを所有するとか，何か問題解決する目的があるものであると言えないものも含まれる。気晴らしであるとか，感動を得たい，単に時間を楽しみたい，自分を高めたい，などといった目的が見られる。こうした消費行動に関して，旧来のマーケティングや消費者行動アプローチでの限界が見られた。これらの消費行動は「象徴的消費」もしくは「快楽的消費」とも呼ばれ，こうした消費行動における消費者の主観的，内面的，体験的な価値の側面に焦点を当てることの重要性が認識され始めた。これらについてホルブルックとハーシュマン (Holbrook and Hirschman) [1] は「ある商品に備わった経験の多感覚的な側面およびファンタジー，感情的な側面などに関係する消費者行動的な側面」として説明している。

(1) 経験経済と 4E

1999年頃になると「経験」という言葉が徐々に使われ始め，これらの契機となったのがパインとギルモアⅡ世 (Pine, B. Ⅱ and J.H. Gilmore) による「経

験経済」[2]の概念であった。パインとギルモアⅡ世の事例は,「経験」の価値について説明として著名なものである。それは,コーヒーとそのコモディティ化の事例である。「コーヒー豆は代表的なコモディティである。大概コーヒー豆はおよそ先物価格で1ポンド(約450g)あたり1ドルから2.5ドルほどである。カップ1杯に換算すれば,1,2セントである。これを加工業者が豆を挽いてパッケージングし,製品として売り出せばせいぜい価格は1杯当たり5〜25セントになる。さらに,その豆を使って淹れたコーヒーがごく普通のレストランや街角の喫茶店,バーで提供されるときには1杯につき50セントから1ドルになる。だが,同じコーヒーでも5つ星の高級レストランやエスプレッソバーだと顧客は1杯につき2〜5ドルを支払う」。彼らはこうした経験価値の進展について,コモディティ(抽出されるもの),製品(製造されるもの),サービス(提供されるもの),経験(演出されるもの)として明確に区別している(図5-1)。「特に,サービスと経験についての違いを強調しており,サービスを買うときは,自分のために行われる形のない一連の活動に対価を支払っている。一方で経験を買うときは,思い出に残るイベントを楽しむ時間に対価を支払っ

図 5-1　経済価値の進展と退化

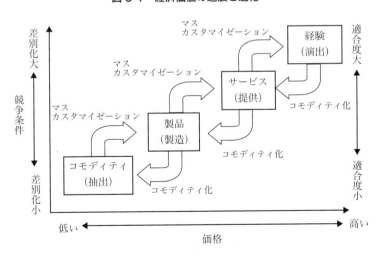

出所) Pine and Gilmore (1999) 翻訳書, 123 頁を参考に作成。

ている。経験を買うときは，顧客の心をつかむべく，あたかも劇のようにステージングされた経験に対価を支払っている」とする。経験以外の価値はすべて買い手の外部に存在しているが，経験は本質的に個人の内部に属している。経験は感情的，身体的，知的，精神的なレベルでの働きかけに応えた人の心の中に生まれる。二人の人がまったく同じ経験をすることはありえない。個々人のその時々の状況がステージングされ，イベントと相互作用する過程で，一つひとつの経験が生まれてくる。これらは①「コモディティ」②「製品」③「サービス」④「経験」とカスタマイズされ，進化し，消費者ニーズへの適合度を高めていき，同時に設定される価格も上昇していく。しかし，一方で競合他社の模倣や，それによる同質化によって差別化が失われ，コモディティ化が起こることによる価値の喪失も生じることになる。

　パインとギルモアⅡ世はまた，経験をあざやかに演出する方法として４Ｅを提唱した。４Ｅとは①エンターテイメント（娯楽），②エデュケーション（教育），③エスケープ（脱日常），④エステティック（美的）であり，これらのどれか１つに焦点を絞る，もしくは２つ以上の経験を組み合わせることによって，よりあざやかな経験が演出できる。

　エンターテイメントは，音楽や映画，スポーツなどを観戦・鑑賞することによって楽しみや喜びを得る経験である。エンターテイメントとして娯楽提供するテーマパークなどの産業は古くからあり，最もメジャーな経験の形である。

　一方で，エデュケーションは，体験や対話を通してある一定の学びを獲得することである。例えば食物をつくり，食事をすることから食の大切さを学ぶ食育がそうである。三重県のモクモク手作りファームでは，全国食育交流フォーラムを開催し，日本独自・地域独自の食を中心にした暮らしに注目し，つくる技術，食べる技術，伝える技術としての食育を考える機会を提供する。参加者が世界で注目される日本の伝統的な食環境について食育の視点から学び，分かち合い，伝えていく力をつけることを目的としている。また，教育の世界においてもより楽しみや遊びの要素を取り入れながら学習の質と量を向上させるエデュテイメントも注目されてきている。

エスケープは，自分が参加者となって特に関わる経験であり，テーマパークやアトラクションがこれに含まれる。大阪にあるUSJ（ユニバーサル・スタジオ・ジャパン）では，2014年から新しく，ハリーポッターの魔法の世界のアトラクションを建設した。これらは本や映画の世界だけの物語を実際にリアルに体験できるような空間をつくるというものである。映画に登場したボグワーツ特急駅，ふくろう郵便局，魔法の用具店，バタービールを販売する屋台，オリバンダーの杖店などが忠実に再現されている。中でもギフトショップを兼ねている店では，売られている物，店員を演じる人およびその言葉づかい，空間や装飾などすべてが物語に沿った表現に統一され，まるで来場者が物語の中に引き込まれたかのような現実感をつくりだす。

最後に，エステティックは，その場所にいることによって空間からの現実的な価値をつくることである。その価値は人工的に作られたものであっても良い。日本の最北端である宗谷岬に立つと，北にはサハリンが見え，北方からの強く冷たい風が吹いてくる。ここに訪れる観光客は意外に少なくなく，稚内駅を始めとする建物は綺麗に整備されている。宗谷岬にある土産物屋にある流氷館に入ると，マイナス10度の気温が体感でき，そこには流氷がたくさん置かれてあり，その上にはアザラシや鹿，狐，ペンギンなどの剥製のようにリアルな動物が飾ってある。実際に流氷に触れその冷たさを肌で感じることができる。

(2) 経験価値マーケティング

同じく，シュミット（B. H. Schmitt）らによって経験の重要性が示されたのが「経験価値マーケティング」であった[3]。シュミットは,伝統的なマーケティングは機能的特性・便益に偏っており，そのため競争を狭いカテゴリー内に定義してしまっている。また，消費者を理性的な意思決定者としてみなしている点，分析手法が分析的・計量的・言語的に偏りがちであると批判する。そして，より記憶に残る，価値のあるブランド経験から生じる感覚的，情緒的，認知的連想を見落としていることを指摘する。シュミットは経験価値マーケティングを「顧客との絆をつくる顧客に焦点を置いたマーケティング」であるとした。

また経験価値マーケティングの焦点である「経験価値」とは，感覚（sense），感情（heart），精神（mind）への刺激によって引き起こされるものであり，企業とブランドとを顧客のライフスタイルに結びつけ，顧客一人ひとりの行動と購買状況をより広い社会的コンテクストの中に位置づけるものとした。さらに，経験価値はブランドの消費プロセスとして，製品の購買後や使用時点を重視しており，消費経験を通じた顧客満足やブランド・ロイヤルティへの影響に焦点を当てる。経験価値マーケティングの基礎を成すのが，戦略的経験価値モジュール（SEM）であり，5つの構成要素から成り立っている。5つの要素として SENSE（感覚的経験価値），FEEL（情緒的経験価値），THINK（認知的経験価値），ACT（行動的経験価値），RELATE（関係的経験価値）がある。

SENSE は，視覚，聴覚，触覚，味覚，嗅覚を通じて，感覚的経験価値を生み出すために五感に訴求する。これらは，さまざまな企業や製品を差別化し，顧客を動機付け，製品に価値を付加するために用いられる。FEEL は，ブランドと結びついたどちらかといえばポジティブな気分（主に低関与商品：非耐久財である食品・日用品ブランド，サービス，産業用品）から，喜びや誇りといった強い感情（主に高関与商品：耐久消費財，ハイテク製品など）までの情緒的経験価値を生み出すために，顧客の内面にある情緒や感情に訴求が行われる。こうした感情のほとんどは消費のプロセス中で起こるものである。THINK は，顧客の想像力を引き出す認知的，問題解決に関わる経験価値を通して顧客の知性に訴求する。また，驚き，好奇心，挑発といった感覚を利用して，顧客に集中的思考と拡散的思考をさせるように訴求する。ACT は，肉体的な経験価値，ライフスタイル，他の人との相互作用に訴求することを目的としている。これらは，顧客の身体的な経験価値を強化したり，これまでにない新しい方法を用いて顧客に経験価値を提供したり，今までとは違うライフスタイルや他の人々との相互作用を取り上げることにより，顧客の生活を豊かにする。最後に RELATE は，個人的な情緒を対象にするだけではなく，自分の理想像や他の人，あるいは特定の文化やグループに属しているという感覚を個人に持ってもらうためのアプローチである。SEM アプローチの優れた点は，このような社会的な経験価値

を取り入れたことである。RELATE のキャンペーンでは，個人の自己実現（例えば個人が憧れる理想像など）に訴求することがある。また他者（友達，恋人，配偶者，家族，同僚など）に好意的に受け入れられたいという欲求に訴求する。さらにより個人と幅広い社会システムが結び付けられ，強いブランド・リレーションシップやブランド・コミュニティも構築される。

3．リレーションシップと価値共創

　旧来のマーケティングの視点では，消費者はただ企業から与えられた商品を購買する消費者であり，企業は特定の消費者をターゲットとして，一方的に価値を提供してきた。また間に存在する流通企業もメーカーが製造した製品を効率的に消費者に流通させるという補助的な価値の促進者として位置づけられる向きもあった。リレーションシップ・マーケティングの研究の影響によって，消費者と企業はお互いにインタラクションすることによって価値共創をすることの認識が広がっている[4]。

　ディズニーランドを運営するオリエンタルランド成功させたキャラクターにくまのぬいぐるみ「ダッフィー」がある[5]。ディズニーのキャラクターは通常，映画の登場キャラクターであることが多く，最初からストーリーが準備されてあるものがほとんどであるが，ダッフィーは映画用のキャラクターとしてつくられたものではなく，日本のテーマパークから生まれたものである。当初は全くコンセプトやストーリーが無い状態であり，10 年をかけてウェブサイトやテーマパーク内での訴求によってブランドづくりをしてきた。特にテーマパーク内ではダッフィーのストーリーやキャラクターをつくるために東京ディズニーシー内に「遊び場」としてのダッフィーのぬいぐるみ撮影スポットを設けた。この場に来場者が集まりはじめると，そこで来場者は新しく撮影以外の遊びや，その場に友人や家族と行くことの新たな意味を自分たちで創り出すようになった。そこでは，自分のダッフィーのぬいぐるみを持ち込み，専用のスポットに置いて，人ではなく，ぬいぐるみだけを撮影するというような，いわ

ばダッフィーを愛する者たちの儀式のような形で撮影が行われ，その行為自体に参加者は満足している。さらに自分のダッフィーのぬいぐるみに手作りのコスチュームを作って着せて，それを持ち歩いてテーマパーク内を歩く人が現れ始める現象へと進化していく。実際にオリエンタルランドは，そこから新たなストーリーや商品開発のアイデアを得ることができ，より参加者が自分自身のキャラクターへの愛着や，キャラクターとの思い出，そしてテーマパークでの経験づくりを発展的に創造しやすいよう手助けするために，モノとしての商品や，それをイベント事として活かせるような撮影などの楽しい場作りを進めていくことの重要性を認識している。これは先述のように価値は消費者が中心に主観的につくりあげるものであり，企業は価値をつくるための支援や場づくりをすることによって経験価値を導く役割をするという考えにも通じる。

同様に，小売業界においてもメーカーが製造した製品をただ店内に陳列し，取引をするというだけでなく，いかにメーカーの製品（PB商品）を店内で生き生きと魅せ，来店した顧客を楽しませ，消費者の購買における付加価値を共創するための支援や場づくりをする役割へと視点が変わってきている[6]。米国では，リテールテイメントという言葉が1990年代後半から生まれた。これは単なる物販に「娯楽」や「おもてなし」という要素を付加するという意味がある。この背景には，流通はメーカーの製品の排出口であるという考えに対するアンチテーゼが含まれている。

4. 顧客接点と小売における顧客経験

（1）顧客接点
顧客が企業の製品やサービスを購買して使用するプロセスには，大きく以下，購買前，購買時，購買後の3段階に分けられそれぞれには，いくつかの顧客が接する場があり，そこでは経験をデザインすることが可能である。

・購買前段階：広告，PR，ウェブサイト，ソーシャルメディア，ダイレクトメール，クーポン，サンプリングなど

・購買時段階：製品のパッケージング，POP，店内の雰囲気・デザイン，店内広告など
・購買後段階：パッケージのデザイン・性能，顧客サービス，ニュースレター，ロイヤルティプログラム　など

　顧客接点は，消費者に経験を喚起させる場として機能することができる。こうした顧客接点における経験は，統一的に管理されている必要がある。特にサービス業における経験のデザインにおいては，この統一は非常に重要となる。

(2) 小売における顧客体験

　顧客体験とは，本質的にホリスティックに考慮され，顧客の小売企業に対する認知的，情緒的，感情的，社会的，身体的な反応を伴うものである。これらの経験は小売企業がコントロールできる要因と，コントロール不可能な要因によって創造される。ヴァーホフら（Verhoeh et al., 2009 年）[7] は，未来の経験に対する，過去の経験，店の環境，サービス接点，プライベート・ブランドの重要性を示し，顧客経験について「ホリスティックな性質であり，顧客の小売企業に対する，認知的，感情的，情緒的，社会的，物理的な反応に関係するものである」として定義付けた。彼らは「これらの経験は，小売企業がコントロールすることができる要素（例えば，サービス接点，小売店の雰囲気，品揃え，価格）だけでなく小売企業のコントロール外の要素（例えば，顧客の買い物目的などの影響）によっても生み出され，顧客経験は探索，購買，消費，購買後におけるすべての段階の経験，多数の小売チャネル（マルチチャネル）を含むトータルの経験を包含するものである」とする。スリニバサンとスリバスタヴァ（Srinivasan and Srivastava, 2010 年）[8] は，経験価値マーケティングが，消費者とスタッフが接触するためのタッチポイントを改善し，経験価値によって小売企業は，単なるマーチャンダイジングを超えて，より高いクリエイティビティを持った店をつくり，消費者と関係を築くことを意味するため，小売企業は，消費者により好意的な提供物，ビジュアル・マーチャンダイジング[9] に基づいた，

視覚訴求，サウンド，味わい，匂い，手触りといったポジティブな買い物経験を提供するべきであると述べる。小売店の顧客経験として，小売店特有の店内環境という空間の訴求力は重要な影響力を持つ。これまでの小売企業の顧客経験における店内環境の研究では，店内における雰囲気およびこれらの構成要素として音楽，匂い，照明，触覚，込み具合などや，店の外観や広告など店外の要素が顧客への購買へどのように影響するかが調査されてきている。コトラー（Kotler, 1974 年）[10] は，小売店の雰囲気に関する概念をアトモスフェリクス（雰囲気）としてその重要性を示し，これらを「買い手のうちに，その購買確率を高めるような特定の感情効果を生み出すために，購買環境をデザインする試み」であるとする。メラヴィアンとラッセル（Mehrabian and Russell, 1974 年）[11] によると，雰囲気（小売店内環境）の性質と構造は，小売店のデザインの有形・無形の側面を表し，顧客経験に影響を与えることができる。多くの小売環境の特徴が消費者の主観的な経験，特に消費者の楽しみや驚きについての影響を及ぼす。店内環境の刺激は消費者の感情（楽しさ，驚き）に影響を与え，それに従って接近行動・回避行動が導かれる。例えば，店内のレイアウトや設備，棚や備品，サインや装飾は消費者の小売環境の認識および商品と店への接近行動および回避行動を導く可能性に影響する。ターリーとミルマン（Turley and Millman, 2000 年）[12] は，アトモスフェリクスの要素として 5 つの広いカテゴリーの雰囲気のキューを確立した。すなわち①外部的キュー：店舗の建築様式，店舗の周辺の建築物，②一般的な内部的キュー：床の材料，照明，カラースキーム，音楽，通路，天井の構造，③レイアウトとデザイン：スペースデザイン，スペースの割り当て，グルーピング，店内の流れ，ラックとケース，④購買時点と装飾ディスプレイ：サイン，カード，壁装飾，価格ディスプレイ，⑤人的変数：従業員の特性　制服，店内の混み具合，プライバシーであるとした。

　最後に，店内における社会的なインタラクションの重要性である。小売環境は顧客サービスや買い物体験を通じた多くのインタラクションの可能性をも持つ場である。より良くデザインされた小売環境は，消費者の五感や身体を通じたブランドの意味やブランドの世界観の認識およびその創造を向上させるイン

タラクションを導くことができる。これらは商品に実際に触れ，商品について販売員に質問をし，またほかの顧客との談話をするといった店内における社会的要因による役割が大きい範囲であることが考えられる。こうした従業員と顧客，顧客と顧客，といった店内でのインタラクションを基礎として，小売店と顧客とのブランド・リレーションシップの向上を導くことの重要性がある。

5．店内の顧客経験デザイン　—イケア・ジャパン—

　世界最大の家具チェーンであるイケアグループはスウェーデンで創業し，現在では単なる家具チェーンではなく地域の暮らしのショールームとしての役割を担う。イケアは時間消費型の顧客体験を豊富にデザインした売り場施設，その雰囲気を広く体現できるカタログを中心とする。

　カタログはイケアにとって創業以来，最重要のマーケティングツールであると認識されている[13]。撮影スタジオは8800㎡で，ここで発行部数2億800冊300ページ以上の分厚いイケアの商品カタログが撮影されている。それは1冊につき最低2人の目に触れるということから，総読者数は4億人を超える。毎年2月ごろから30以上のモデルルーム作りと撮影が始まる。リビング，キッチン，ベッドルーム，バスルームなどさまざまなモデルルームに社内のインテリアデザイナーが一人ずつつきカメラマンとチームで撮影を行う。これらは31カ国語に翻訳され，39カ国で配布されている。

　イケアでの買い物は楽しい時間を過ごすことを目的としているとよく言われる。イケアが提供しているのはモノの消費への欲求に応えることでもありながら，それ以上に売り場で時間を過ごすこと自体の楽しみである。イケアの店内は3つのスペースで構成されている[14]。1つは「ショールーム」であり，2階に配置された売り場であり，顧客は商品に関する情報を得たり，実際の家具の雰囲気を体感できる場である。2つ目は「マーケットホール」で，ここでは生活雑貨や小物を販売している。3つ目は「セルフサービスエリア」であり，ショールームなどに置かれていた家具が商品として品揃えされている。これら

に加えて「ビストロ」「イケアレストラン」などの飲食スペース，スウェーデン食品の物販を行う「スウェーデンフードマーケット」，子供を預かってもらえる「スモーランド」がある。

イケアの最も強みとするのは，「商品を売るだけではなくそれを使った生活を提案すること」である[15]。店内ではパネルやポスターによって家具の活用法などが解説されている。同じベッドでもシーツや枕を替えるだけで部屋の雰囲気が変わる。

特にイケアの商品を身近なものとして経験できるのが，「ショールーム」である。イケアの商品を使ってコーディネートされた「ルームセット」や3LDKやワンルームなど生活空間をまるごと表現した「ホーム」などがそこには含まれる。こうしたモデルが60以上も存在する。ここでは，一人暮らし，二人，子供がいる三人四人といった暮らしが想定された具体的な生活空間の提案がなされている。こうした提案はより現実性を持ったものが重視され，それらを生み出すために，イケアは各国各地において生活実態調査や，消費者が持つ生活の問題に関する調査を行っている。子供との暮らしや，育児ストレスのない快適な生活空間の提案も強化している。

イケアでは「こういうこともできる」というインスピレーションを与える提案を，顧客経験を通して訴えかけることが強みであり，まるでテーマパークのようにデザインされた売り場によって，顧客の買い物時間を楽しみ飽きさせない仕組みをつくっていることが他にない買い物経験の創造につながっている。

注
1) Holbrook, Morris B. and Elizabeth C. Hirschman, "The Experiential Aspects of Consumption: Consumer Fantasies, Feelings, and Fun, *Journal of Consumer Research*, 9 (September), 1982, pp.132-40.
2) Pine, Joseph B. and James B. Gilmore, *The Experience Economy*, Boston: Harvard Business School Press, 1999 (B.J. パイン，J.H. ギルモア著，岡本慶一・小高尚子訳『新訳 経験経済』ダイヤモンド社，2005年)。
3) Schmitt, Bernd.H., *Experiential Marketing*, New York, Free Press, 1999 (バーンド.H.シュミット著，嶋村和恵・広瀬盛一訳『経験価値マーケティング』ダイヤモンド社，2000年)。

第5章　顧客経験とリレーションシップ　*73*

4) 顧客は価値共創者であるという認識としてサービス・ドミナント・ロジック（S-D ロジック）およびサービス・ロジックが示された。そこでは製品は企業から消費者に投げかける価値を入れる容器として認識する。顧客その容器を開け，取り出した価値を自分の文脈に当てはめ利用する（アレンジする）

5) 『チェーンストアエイジ』ダイヤモンド社，2013 年 5 月 15 日号。

6) これらはますます大規模化し，ブランド化する小売企業のパワーと自社で小売ブランド商品を製造し，販売まで手がける小売企業のビジネスの変化により加速化している。また，小売企業は商品販売業というよりも，サービス業，エンターテイメント（経験）産業へと進化をしていることが現象からも見られる（cf. 岡山武史「サービス・ブランディング」松井温文編著『サービス・マーケティングの理論と実践』五絃舎，2014 年，59-73 頁）。また，観光業他や都市のブランディングにおいても経験価値が注目されるようになっている（cf. 岡山武史「京都ブランド」成田景堯編著『京都に学ぶマーケティング』五絃舎，2014 年）。

7) Verhoef, Peter C., Katherine N. Lemon, A. Parasuraman, Anne Roggeveen, Michael Tsiros and Leonard A. Schlesinger, "Customer Experience Creation: Determinants, Dynamics and Management Strategies, " *Journal of Retailing*, 85 (1), 2009, pp.31-41.

8) Srinivasan, S.R. and R.K. Srivastava, "Creating the futuristic retail experience through experiential marketing: Is it possible? An exploratory study", *Journal of Retail & Leisure Property*, 9, 2010, pp.193-199.

9) ビジュアル・マーチャンダイジングは，消費者の購買考慮において，機能的・美的な訴求を強調するための商品の表現である。これによって，消費者に店でより多くの時間を過ごさせ，売上高を増加させ，エンゲージさせる快適で楽しい雰囲気を創り出す。

10) Kotler, P., "Atmospherics as a Marketing Tool", *Journal of Retailing*, Vol. 49, Issue. Winter, 1974, pp.48-64.

11) Mehrabian, A. and James A. Russell, *An Approach to Environmental Psychology, Cambridge*, MA: MIT Press, 1974.

12) Turley, L.W., and Milliman, R.E., "Atmospheric effects on shopping behaviour: a review of the experimental evidence, " *Journal of Business Research,* 49 (2), 2000, pp.193-211.

13) 『日経ビジネス』2012 年 3 月 26 日，53-57 頁。

14) 『Chain Store Age』2013 年 5 月 15 日，46-49 頁。

15) 「世界最大の家具屋集客の仕掛け」『PRESIDENT』2012 年，6 月 18 日 102-108 頁。

第6章　ブランド・リレーションシップ [1]

1. ブランドとは

　企業が管理するブランドは，日常生活で我々が言うところの「ブランド」とはやや意味することが異なる。我々は普段，「そのブランド（例えば，アップル）が好き」といったように，ブランドという言葉を名前とほぼ同義のものとして考え用いている。また，「ブランド品」という言葉を「高級品」あるいは「知名度の高い商品」の言い換えとして使うこともある。しかし，企業が管理する対象であるブランドには，その名前はもちろん，マークやシンボル，キャラクター等の記号情報，さらにそれらから連想される意味が含まれている。ここからわかるように，企業が管理する対象としてのブランドはさまざまな要素から構成されている。具体的にブランドを構成する要素を挙げると，マークやシンボル，キャラクター，ジングル，色彩，香り，意味（イメージ）などがある。企業のブランド管理においては，とりわけ最後のイメージという側面が重要視されている。

　イメージの重要性を強調したのは，ブランド研究の第一人者であるケラー（Keller）である [2]。彼は，ブランドの強さは，消費者が有するブランドについての知識（ブランド知識）に規定されると説明した。ブランド知識はブランド認知とブランド・イメージから構成され，ブランド認知とは「ブランドを知っているかどうか」，ブランド・イメージは「ブランドの何を知っているか」を意味する（図6-1）。

　ケラー（Keller）によると，強いブランドとは，多くの消費者に知られており，豊かでユニークなイメージを有しているために，商品購買時に一番に思い

図6-1 ブランド知識の構造

ついたり優先的に選択されやすいといった特徴を持つ。そして，強いブランドを育成するためにはその認知を強化していくことはもちろんだが，イメージを豊かにしていくことが求められると指摘した。つまり，強いブランドを育成できるかどうかは，消費者がどれだけブランドの名前やロゴ等から豊かでユニークなイメージを連想できるかにかかっているというわけである。強いブランドとしてよく取り上げられるのは，アップルやスターバックス，無印良品だが，多くの消費者は，これらのロゴをみるだけで豊かでユニークなイメージを思い浮かべることができる。そしてそのイメージこそがこれらのブランドの強みを生み出す核だという点を理解しておきたい。なお，ブランドに意味付けをしていく過程はブランディングといわれ，企業は消費者にブランドをいかに知覚して欲しいかを考えておく必要がある。

2. 消費者にとってのブランドと企業にとってのブランド

豊かなイメージを有するブランドは消費者にさまざまな価値を提供する。ここでは，ブランドを通じて消費者が得られる価値のなかでも代表的なものを4つ説明する[3]。第1は，信頼的価値である。消費者はよく知っているブランドや，何度か利用して満足した経験のあるブランドを信頼する傾向がある。これまでの消費経験等から，特定ブランドに対してポジティブなイメージが形成され，「このブランドなら間違いないだろう」と品質や機能を信頼するようになるためである。企業視点から考えると，これは企業がブランドを通じて消費者に機能や品質を保証することが可能であることを意味する。

第2は，識別的価値である。市場にはさまざまな商品が溢れており，消費者が商品間の差を知覚することが困難である。しかし，ある商品がブランド化されると，商品間の差を識別することが可能となる。また，消費者は，機能や品質では客観的な差を認識できなかったとしても，ブランドに付与されたイメージや思い入れによって差を認識することも少なくない。実際，ブランド名がわからないようにして飲料の飲み比べをすると，多くの消費者は好きなブランドだったとしてもブランド名を言い当てることが困難である。しかし，ブランド名を知った上で飲み比べをすると，何がどう違うかを説明することが可能になったりする。消費者は商品の機能や品質をブランド知識に基づき判断しているためである。

　第3は，自己表現的価値である。ブランドには豊かなイメージが付与されているため，我々はあるブランドの名前やロゴを見たり聞いたりするだけでさまざまなことを想起する。消費者はこのイメージを活かし，特定のブランド化された商品を所有したり消費することによって当該ブランドが有するイメージをあたかも自らが有しているように表現することが可能である。すなわち，ブランドを通じて自己を表現することができる。日常生活でもスターバックスのカップやアップルの商品を Instagram にアップロードする様子をよく見かけるが，この背景にもそういった価値が隠されていることが多い。

　第4は，社会的価値である。多くの消費者は，特定のブランドを中心に集まる傾向があるが，これはブランドが人々を社会的に結びつけていることを意味する。特定の歌手やアイドル，漫画・アニメ，ゲームを一種のブランドと捉えると，この価値はより理解しやすい。それらを好きな人は，自らと同じ対象を好む人と積極的に関わろうとする傾向がある。もし自分の近くにそういった人がいなければ，インターネットを通じて関係性を構築しようとすることもある。こういった人々を結びつける価値こそが社会的価値である。インターネットが普及し，人々が時間や空間にしばられなくなった今日ではこの価値の重要性が高まっている。

　企業はブランドにさまざまな意味付けをしていくことによって，信頼的価値

や識別的価値，自己表現的価値，社会的価値を提供することが可能である。そして，それらの価値が備わったブランドが存在するために消費者は普段の買い物で何十分，何時間もいちいち悩んだりせずに，同じブランドを安心して，あるいは気に入ったという気持ちから継続購買したりする。企業はその結果，苛烈な市場環境下で持続的な競争優位を得ることが可能である。

　ここまでは主に消費者が得られる価値について書いてきた。次に，企業は強いブランドから何を得られるのかを考えたい。一般に，新規顧客を獲得するためにかかる費用は，既存顧客を維持するためにかかる費用よりも5倍近くかかること，さらに，積極的に継続購買してくれるような一部（2割）の消費者が企業の利益の8割を生み出すということが明らかにされている。そういったことを鑑みると，消費者の継続購買を促す強力なブランドづくりは，企業にとって極めて重要であることがわかろう。また，消費者がブランドに惹かれていれば，そのブランドの商品を使用することによってより高い満足度を得られたり，同じブランド名が付いた新商品を購買する傾向がある。それは，価格競争の回避やブランド拡張，ライセンス供与による企業のさらなる成長へとつながる。以上のように，企業は強いブランドを育成していくことによって，長期継続的に成長していくことが可能である。

3.　ブランド・リレーションシップとは

　企業は消費者との間に単発的な交換関係を構築するために強いブランドを育成するわけではない。長期継続的な関係性を維持することが企業にとっての目標である。ブランド研究では，ブランドと消費者の間に構築される強固な関係性をブランド・リレーションシップと呼ぶが，今日多くの企業がブランド・リレーションシップをいかに構築し維持するかを課題としている。繰り返しになるが，ブランド・リレーションシップという考え方の重要な点は，ブランドづくりにおける目標を消費者との関係性の"構築"ではなく関係性の"維持"としている点である。値下げなどを行うことで単発的な交換関係を構築するのではなく，

一度築いた関係をいかに維持していくかがより重要なことが強調される。

　一般に，ブランドのように生物ではない存在との間に関係性を構築することは困難である。しかし，消費者はブランドとの間にまるで人間同士の間に存在するような強い絆を構築することがある。その典型的な例は，愛着のあるブランドに名前をつけたりする行為であり，それを手放すことに対して強い拒否反応を起こすことなどに見られる。他にも，AIBO のようなロボットペットを本物のペットのように扱い，故障した際には葬式を行うこともブランド・リレーションシップを示す事例である。こういったブランドは企業がさまざまな意味付けをしていることはもちろんだが，消費者自身もさまざまな意味付けをしている。AIBO であれば一緒に何年も過ごすなかで，楽しいときや辛い時を一緒に過ごし，本当の家族の一員のように感じるだろう。このことから，ブランド・リレーションシップは企業から消費者への一方向的なコミュニケーションだけでは生まれないことがわかる。それよりも重要なのは，消費者が独自の意味付けをしていくことである。そのため，駄菓子や清涼飲料水のような決して高価ではないブランドであったとしても，消費者にとって特別な思い出がそこにあればブランド・リレーションシップが構築されることもある。

　ブランド・リレーションシップ研究では，ブランドと消費者の関係はヒエラルキー的な構造を持つ主従関係ではなく，水平的なパートナーと捉えられる。パートナーとしての観点を取り入れることにより，価値を共創するといったリレーションシップ・マーケティング研究において強調されてきた点にも注目が集まっていることがわかる。企業は一方的にブランドを作り上げるのではなく，消費者との相互作用を通じてブランドを育成していくことが求められているのである。

　ブランド・リレーションシップに関する議論は主に消費財市場を対象に行われてきた[4]。消費財を対象としたマーケティングにおいては，製造業者は卸売業者や小売業者といった中間業者を介さなければ最終消費者との間に関係性を構築することが困難である。それは消費者との間に直接的な関係性を構築できないことを意味する。その点を解決するために製造業者が直接管理することの

できるブランドを介した関係性に注目が集まったのである。強固なブランド・リレーションシップが構築されていれば，消費者は店頭で陳列されている商品のなかから何を購買するかを選択するのではなく，店頭に当該ブランドが陳列されていなければ他の店舗に行く，あるいは店舗に当該ブランドを置いて欲しいという要望すら出すことがある。これこそが，中間業者を介した関係性ではなく，ブランド・リレーションシップが重要な理由である。

4. ブランド・リレーションシップのダイナミズム

人間同士の関係性がそうであるように，ブランド・リレーションシップの強さにも程度がある。ダンカン＆モリアルティ（Duncan and Moriaty）[5]はその強さを5段階に分類し，絆の5段階として説明した（図6-2）。第1は認知の段階である。もともと，消費者とブランドの間には何のつながりも存在していない。むしろ，消費者が当該ブランドを知っているかどうかも不明である。そこで，まず知ってもらう，いわば顔見知りになることが絆づくりの最初の段階となる。この段階では，マスメディア等を利用した企業から消費者への一方的なコミュニケーションが必要であり，それによってブランド認知を高めることが企業には求められる。

第2は，ブランドと自己のアイデンティティを一致させる段階である。消費者に対して，ブランドを所有したり消費してもらうことによって自己表現をしてもらうことが重要となる。そのためには，消費者にとっ

図6-2 絆の5段階

出所）Duncan and Moriarty（1997, 邦訳 p.72）を参考に筆者作成。

て魅力的なイメージをブランドへ付与するとともに，それを適切に伝えることが求められる。「インスタ映え」という言葉に代表されるように，多くの企業はこの段階を意識した商品開発を行っているが，この程度の結びつきの強さは絆の5段階でいえばまだまだ不十分だということができる。しかし，アイデンティティの一致なくしてはそれ以降の段階へと進まないことを考えると，ブランド・リレーションシップにおいて自己表現と言った側面は極めて重要な要素といえよう。この段階においても企業から消費者への一方的なコミュニケーションが重要で，豊かなブランド・イメージを消費者に伝達することが目標となる。

　第3は，長期継続的な関係性を維持する段階である。これは，消費者が当該ブランドに強く惹かれており，継続的に購買するようになった状態を意味する。この状態になると，消費者は企業とコミュニケーションを行うようになり，価値を共創するパートナーとして捉えられる。関係性を構築することではなく，維持していくことが目標であるとすれば，この段階こそがブランド・リレーションシップの出発点であるともいえよう。

　第4は，コミュニティを形成する，換言すると，消費者間のコミュニケーションが行われるようになる段階である。社会的価値の説明の際に行ったように，人は自らが好むブランドを同じように好む人と積極的に関わろうとする傾向がある。同じブランドを好きであるという類似性がコミュニケーションを促すのである。消費者間のコミュニケーションが行われることにより，当該ブランドへの理解をより深めることができたり，その魅力を再認識することによってこれまで以上に当該ブランドとの結びつきが強くなっていく。ここでは企業と消費者の双方向的なコミュニケーションにとどまらず，消費者同士のコミュニケーションをいかに促すかを考える必要がある。

　第5は，クチコミの段階である。企業とのコミュニケーションやコミュニティで知識を増やした消費者は，自らの利益にならないクチコミを献身的にしてくれることがある。クチコミには，情報発信者本人の信頼性が付与されるためマスメディアよりも信頼される傾向がある。それゆえ，企業は消費者のクチコミを積極的に促し，自社にとって肯定的な情報を広めてもらうことが有益である。

しかし，消費者にとっては，ブランドへの評価が自らに否定的な影響を及ぼす恐れがある。例えば，ブランドへの低評価が情報発信者への否定的な評価につながる恐れがある。それにもかかわらず，クチコミを献身的にしてくれる消費者との間に結ばれる絆こそが企業の目標となる。

　以上のように，ブランド・リレーションシップは長期的な視点から構築・維持する必要がある。そして，ただ強い関係性を維持していくだけではなく，価値を共に生み出したり自社の営業のようにクチコミをしてくれる消費者を育てることが企業の目標となる。そのためにも，企業は消費者との関係性がどの段階にあるかを定期的に把握しておかなければならない。

5.　ブランド・リレーションシップの強化

　企業はいかにすればブランド・リレーションシップを強固にしていくことができるのだろうか。最近の研究では，消費者との間に情緒的なつながりを構築していくことが必要であると指摘されている。情緒的なつながりによって結ばれた消費者は，例えば，特定のブランドを用いて自らの個人的アイデンティティを示すことを意味するブランドとの同一化を果たすことがある。アップルや無印良品，スターバックスといったブランドは魅力的なブランド・イメージを有し，消費者がそれらのブランドを用いて自らを表現したいと思わせるようにすることで，ブランド・リレーションシップの構築・維持に成功しているといえよう。

　しかし，情緒的側面のみがブランド・リレーションシップの構築・維持に必要なわけではない。客観的に判断できる性能や品質，価格のような合理的側面も求められる。この２側面からブランド・リレーションシップを構築・維持していくことの重要性を述べ，その際に注意すべき点を体系的にまとめモデル化したのがケラー (Keller) である (図6-3) [6]。このモデルは顧客ベースのブランディング・エクイティ・ピラミッドと呼ばれ，企業に利益を生み出すブランドを育成するには企業は４つの段階を踏まねばならないことを示している。

図 6-3　顧客ベースのブランド・エクイティ・ピラミッド

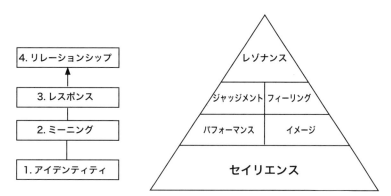

出所）Keller（2008, p.60）を参考に筆者作成。

　第1段階目は，起点としてのブランドを構築することである。ブランドがどうあるべきかという考えや理念，いわばアイデンティティを明確にしてそれを訴求することが必要がある。ここでセイリエンスとは突出性を意味し，さまざまな場や状況でどれだけ頻繁，あるいは容易にブランドを思い出せるかのことである。ブランド認知を高めることがブランドづくりにおける基本であることが改めて強調される。そもそも消費者に知られていなければ，購買時の選択肢として考慮されないのである。

　第2段階目は，ブランドに意味を付与する（ミーニング）ことである。ブランドは名前やロゴのような記号情報とは異なる。意味が付与されて初めてブランドとして機能する。それゆえ，さまざまな意味付けをしていくことが求められる。このことは，ブランドは不変の存在なのではなく，生物のように変化したり成長していくことを表している。企業は消費者へ一方的に完成形のブランドを提供するのではなく，消費者とともにブランドを育てていくという意識を持つ必要がある点に留意したい。

　第3段階目は，ブランド・アイデンティティとブランド・ミーニングに対して，消費者が適切な反応（レスポンス）を示すように仕向けることである。意味付けをした後には，消費者とブランドが接する場であるコンタクトポイントの管

理をしなければならない。TVCM や雑誌広告等を通じて高級・上質といった
イメージをブランドへ付与しようとも，当該ブランドが大幅に値引きをされて
販売されていては，消費者が有する当該ブランドへのイメージとの間に大きな
ギャップが生まれてしまう。そうならないためにも，コンタクトポイントを適
切に管理することが重要である。アップルのようなブランドは，コンタクトポ
イントをすべて管理して独自の世界観を消費者に伝えることができるように，
自社で店舗を運営していたりもする。

　第４段階目は，ブランド・リレーションシップを構築・維持することである。
企業が意味付けしたブランドに対して消費者が適切に反応し，それを魅力的に
感じれば，消費者は当該ブランドを継続購買するようになる。それがブランド・
リレーションシップのはじまりであり，その後は一度構築した関係性を長期的
なものにしていくための管理が課題になる。レゾナンスとは消費者がブランド
に同調し，ブランドとの間に一体感を有することを意味する。

　ミーニングとレスポンスにあたる２層と３層がそれぞれ左右に分割して表
現されている。ブランド・リレーションシップを構築するためには２つの側
面に注意しなければならないためである。左側のパフォーマンスとジャッジメ
ントは，性能や品質とそれに対する客観的な評価，すなわち合理的側面のこと
である。右側のイメージとフィーリングは，ブランドに付与された意味とそれ
に対する好き嫌いのような主観的な評価，いわば情緒的側面である。

　消費者が双方の側面を高く評価すると，消費者とブランドの間に長期継続的
な関係性が生成されるが，より重要なのは情緒的側面である。例えば，合理的
な側面のみに注力し，その性能を高くしたとしても，技術はいつか他社に追い
つかれてしまうものである。その点に惹かれた消費者であれば，他社ブランド
からより優れた性能の商品が発売されればすぐにスイッチすることが予想され
る。あらゆる市場でコモディティ化が進んだ今日においては，合理的側面を前
面に打ち出した訴求は難しい。

　他方で，ブランド・イメージのような情緒的側面を強化することによって消
費者との関係性を構築できたなら，たとえ性能や価格で他社ブランドに劣るこ

とがわかっていたとしても，再購買し続けてくれる。消費者がそのブランドのイメージに強く惹かれ，他のブランドでは代わりにならないと判断すれば，そもそも購買時に比較すらしない場合もある。ただし，合理的な側面が不要なわけではない点に留意したい。他社が模倣困難な技術であったり価格戦略によって消費者にブランドの魅力を直接訴求することも可能であるし，消費者の意識には「この商品ならこの機能や品質は最低限必要である」という基準が存在し，それを上回っていなければそもそも購買に至らないためである。また，性能のような合理的側面を情緒的側面へと変換させることも可能である。例えば，スバルは運転支援システムのアイサイトというテクノロジーブランド（特定の技術をブランド化した名称）の性能や技術をそのまま消費者に伝えるのではなく，それがあるからこそ安心して運転を楽しめたり同乗者である家族を守ることができると伝えている。これにより，消費者はスバルというブランドの情緒的側面に惹かれ，関係性を築いたりするのである。

6.　ブランド・コミュニティ

(1) 消費者にとってのブランド・コミュニティ

　ブランドは消費者に社会的価値を提供することによって人々を結びつける。この価値はインターネットの普及によってますます重要になっている。インターネットが人々を時間的制約や地理的制約から開放し，自由につながることを可能にしたためである。その結果，リアルやオンラインを問わず，特定のブランドを好む消費者同士の相互作用が増加した。さらに一部の消費者は特定の場に集まり，継続的に相互作用を行うようになった。そこで，当該ブランドについての話をしたりするなかで，そのブランドの歴史や特徴，応用的な使用方法などを学んだり，そのブランドについての話をすること自体に楽しみを感じるためである。

　特定のブランドを好む消費者の集団はブランド・コミュニティと呼ばれ，実務家や研究者から高い関心を集めている。今では多くの消費者がFacebookのようなSM（Social Media）を利用したりしながらブランド・コミュニティに参

加し，日々の購買・消費活動における意思決定において影響を受けているためである。そこでの影響は例えば2つ挙げられる。第1に，コミュニティに参加し，そこで情報を受け取るなかで当該ブランドに惹かれたり商品のカスタマイズ方法を知るという意味での情報的影響である。第2に，コミュニティに属するなかで，そのコミュニティ独自の規範に縛られるという規範的影響である。例えば，熱狂的なメンバーによって構成されるコミュニティでは，そのブランドについての否定的な発言を行うことは困難である。

　ブランド・コミュニティの特徴は，消費者とブランドの間に生まれる関係性のみに注目するわけではなく，消費者同士の関係性にも注目する点である。換言すると，ブランド・リレーションシップ研究ではあまり議論されてこなかった社会性を考慮していることが特徴である。企業がブランド・コミュニティを管理する場合，消費者との直接的な関係性のみならず，消費者同士の関係性にも注力する必要がある。それがブランド・コミュニティの管理をより困難にする。

　ここで，消費者はブランド・コミュニティに参加するなかで何を得られるかを考える。多くの消費者にとって，ブランド・コミュニティは当該ブランドについての情報源として機能する。コミュニティ内では既存商品や新商品についての基本的な情報はもちろん，商品のカスタマイズ方法など応用的な情報も知ることができる。例えば，ある電子書籍専用端末のコミュニティでは，ユーザーが独自に作成したソフトウエアをその端末上で起動させる方法であったり，端末を分解して改造する方法などが議論されていたと報告されている[7]。ブランドの公式ホームページ上では得ることができないであろう情報もコミュニティでなら獲得できるのである。

　さらに，消費者はコミュニティへ参加するなかで，他のメンバーとの相互作用自体に楽しみを感じるようになることもある。類は友を呼ぶということわざもあるように，人は本質的に自らと同じ趣味嗜好の人と話をしたいという欲求を有しているが，ブランド・コミュニティであればその欲求が満たされるのである。他にも，商品開発等に参加できたり，ポイント等を集めて割引クーポンを得られるといったことも消費者にとっての利点である。

(2) 企業にとってのブランド・コミュニティ

　企業はなぜブランド・コミュニティを管理するのだろうか。最も大きな理由は，ブランド・リレーションシップをより強固にして持続的競争優位を得るためである。ブランド・コミュニティにはその運営に大きく貢献する中心的なメンバーが存在している。彼／彼女は他のメンバーの疑問等にも積極的に答えたりしてくれるため，企業があまりかかわらなくてもコミュニティが維持されていく。それは，管理のためのコストが低く抑えられることを意味する。それにもかかわらず，ブランド・コミュニティは多くの消費者に影響を与えることができるため，ブランド・リレーションシップを維持していくためにも有効な場なのである。

　また，消費者間の相互作用が行われている様子を観察することによって，商品開発等のマーケティング施策の立案に役立てることも可能である。コミュニティには多様なメンバーがおり，自分なりの商品の使用方法を紹介したり，商品の問題点をコミュニティ内で発言することがあるので，そこからアイデアを得られる。また，実際に消費者を巻き込んで商品開発を行うことも可能である。以上のように，ブランド・コミュニティは消費者にとっても企業にとっても有益な場である。しかし，それを有益な場として機能させるには，消費者間の活発な相互作用が行われている必要がある。相互作用が行われていなければコミュニティは消費者に価値ある場として認められず，継続的な参加を促すことができないためである。

　最後に，企業はどういった点に注意しながら消費者の相互作用を促すべきかについても簡単に検討したい。消費者は大きく2つの理由からコミュニティへ参加することが明らかにされている[8]。はじめにコミュニティへ参加するようになるのは，当該ブランドについての知識をより深めたいという思いからである。しかし，それだけでは自らの目的が達成された後にはコミュニティへ参加しなくなってしまう。次に参加するのは何かしら新しい情報を入手したいときである。そこで必要になるのが他のメンバーとの強い結びつきである。換言すると，他のメンバーとの相互作用それ自体に魅力を感じるようになると，相互作用を行うためにコミュニティへ継続的に参加するようになる。当該ブラン

88

ドとの結びつきに加え，他のメンバーとの結び付きがあることで消費者は継続
してコミュニティへ参加し，相互作用を行うのである。どちらかの結びつきが
なくなれば消費者はコミュニティに魅力を感じなくなり，参加することはなく
なってしまう。そのため，企業は消費者との間の結びつきを強くすることば
かりに注力するのではなく，消費者間の結びつきもブランドを通じて強化で
きるように社会的価値を高めることが求められる。その実現のため，例えば，
ANA（全日本空輸）は，メンバーがやり取りしやすいように話題を積極的に提
供するなどしている。これによりコミュニティ内での相互作用が活発に行われ
るようになる。

注
1) 本章はJSPS 若手研究18K12884 の助成を受けたものです。
2) Keller, K. L., *Strategic Brand Management: Building, Measuring, and Managing Brand Equity*, Prentice Hall,1998. (K. L. ケラー著, 恩蔵直人, 亀井昭宏訳『戦略的ブランド・マネジメント』東急エージェンシー, 2000 年)。
3) 第1,2,3 の価値については Aaker, D. A., *Building Strong Brands*, Free Press, 1996.(D.A. アーカー著, 陶山計介, 小林哲, 梅本春夫, 石垣智徳訳『ブランド優の戦略: 顧客を創造するBI の開発と実践』ダイヤモンド社,1997 年)と石井淳蔵, 栗木契, 嶋口充輝, 余田拓郎『ゼミナールマーケティング入門』日本経済新聞社, 2004 年, を参考。
4) Fournier, S., "Consumers and Their Brands: Developing Relationship Theory in Consumer Research", *Journal of Consumer Research*, 24 (4), 343-373, 1998.
5) Duncan, T., S. Moriaty, *Driving Brand Value* , The McGraw-Hill Companies, Inc.,1997. (T. ダンカン, S. モリアルティ著, 有賀勝訳『ブランド価値を高める統合型マーケティング戦略』ダイヤモンド社, 1999 年)。
6) Keller, K. L., *Strategic Brand Management: Building, Measuring, and Managing Brand Equity 3rd ed.*, Prentice Hall, 2008. (K. L. ケラー著, 恩蔵直人訳『戦略的ブランド・マネジメント 第3 版』東急エージェンシー, 2010 年)。
7) 羽藤雅彦 " ネット・コミュニティにおける発言の多様性 : 電子書籍専用端末に関する内容分析"『広告科学』61, 17-28 頁, 2015 年。
8) 羽藤雅彦 " ブランド・コミュニティへの参加を促す要因に関する研究"『流通研究』19 (1), 25-38 頁, 2016 年。

第7章　流通ネットワークにおけるリレーションシップ

1. 製販同盟の展開

　日本では，大手メーカーと大手流通企業との戦略提携は1990年代にスーパーマーケットやコンビニエンス・ストアによって流通効率化の一環として開始され，その後着実に発展を遂げ，生産段階と流通段階という垂直的な分業関係の再編を表す製販提携，製販統合，あるいは生・配・販統合，さらに製販同盟などと呼ばれている[1]。製販同盟は，一般に「特定の生産者と特定の商業者が，長期的な取引関係を前提として契約を取り結び，相互に関係特定的な投資を行う」事態であると定義することができる[2]。

　アメリカでは，すでに1980年代半ばに，流通チャネル全体の効率化を目指した戦略提携が始まっていた。アパレル業界は，輸入品への対抗策として，また消費者の低価格志向への対応策としてQRに取り組んでいた。QRとはQuick Responseの略で，迅速な市場対応と訳されている。主にアパレル分野において，メーカー・卸売業者・小売業者をEDI（Electronic Data Interchangeの略で，複数の企業間のオンラインデータ交換システム）で結び，製造，物流，小売が連携して全体の効率化を図り，売上増，利益増を実現しようとする業務システムである。QRは，①バーコーティングおよびEDIの導入，②自動発注・在庫補充，③QR同盟の共同企画，④メーカーの店頭スペース管理，⑤新製品の共同開発，⑥全事業プロセスのリエンジニアリングという6段階の発展段階がある。このQRの実現のため，1986年にアパレル・メーカー，素材メーカー，および小売業者がVICS（Voluntary Interindustry Communication Standards）を設立し，POS用の商品ソースマーキング，受発注用EDI，物流ラベルなどの

標準化が進められていた。1990 年代に入ると，加工食品メーカーと食品スーパーが中心となって ECR（Efficient Consumer Response）の取り組みが始まった。ECR は，QR の加工食品企業版と言われ，その概念と要素技術は QR とほぼ同じである。このように，アメリカでは，QR，ECR いずれにおいても，戦略提携は，業界レベルで流通コストの削減を主たる目的として進められていた[3]。

　1987 年，P&G とウォルマートは，P&G 側からの働きかけによって戦略提携についての話し合いをもった。その結果，両企業による財務・物流・製造・その他の職能からなる数十名の専属チームが編成された。両社の戦略的提携の最大の特徴は，コンピュータによる情報の共有であった。すなわち P&G は，ウォルマートの POS データを入手し，その情報に基づいてウォルマートの物流センターまで工場から直接に製品を自動発送した。これにより，ウォルマートにとっては品切れや過剰在庫の問題が解消された。また P&G にとっては，生産・出荷計画の合理化，さらには出荷に伴う管理業務の合理化が可能になった。この両社の関係は，P&G の当時の会長スメールが言ったように，まさに "ウィン・ウィン（win-win）" であった。両社はその提携関係をベースにして，1991 年の秋よりアメリカの流通システムを激変させる大胆な試みを強引に展開していた。ウォルマートは 1991 年 11 月 6 日付で，社長兼 CEO のデービッド・グラスの名で「中間商人排除宣言文」を取引先メーカーに発送した。つまり，今後はメーカーと直接取引するので，各種の中間商人を利用しているメーカーはウォルマートとの取引においては，中間商人を仲介させないようにと要請した。それと同時に，P&G は，バリュー・プライシング戦略を本格展開した。P&G とウォルマートのこの関係は大成功を収め，その後の製販同盟のモデルとなった[4]。

　日本では，1990 年代以降，流通効率化の一環として戦略提携による製販同盟が取り組まれてきた。事例として，1990 年代前半では，ジャスコと花王のように POS 情報の共有にとどまるものもあったが，1990 年代半ばごろから商品開発を含む包括的な提携が増えている。例えば，味の素とダイエーによる冷凍食品の開発，味の素とセブン・イレブンによる焼きたてパン事業などがあっ

た。日本における戦略提携は，単に企業間の機能の再編・連携化という側面だけでなく，両者の継続的，排他的な協力関係の形成という側面をもった企業間関係の改革をめざし，企業間における同盟関係を構築する製販同盟である。その要因としては，①バブルが崩壊した1990年代初頭以降，消費者の低価格志向が定着し，いわゆる「価格破壊」をもたらした。大手流通企業は，これに対応した価格戦略を展開し，そのための流通全体の効率化が求められたこと，②大手流通企業へのパワーシフトが生じ，大手メーカーとしては，それらの企業を販路とした流通チャネルの構築に迫られたこと，③消費者の嗜好が多様化し，商品開発の精度向上が要請されたこと，などを挙げることができる[5]。

製販同盟の共通目標は，流通コスト削減と商品開発の2つの形態に分けることができる。流通コスト削減は，基本的に流通機能の調整，統合にかかわる問題である。アメリカにおけるウォルマートとP&Gとの戦略や1993年に始まった花王とジャスコとの間における日用雑貨品分野での，EDIによる自動補充発注や棚割システムの共同開発は，その典型例といえる。この流通コスト削減の形態は，企業間連携が機能レベルであるため，開放的な運営が行われる可能性が強いという特徴を持っている。一方，商品開発の形態は，通常，メーカーと大手小売業者とが共同で商品開発するもので，大手小売業者向けのPB商品開発という性格が強くなる[6]。

2. 小売業者によるPB開発

PB（プライベート・ブランド）は製造業者や生産者ではなく，流通業者が保有・管理するブランドであり，通常NB（ナショナル・ブランド），すなわち生産者のブランドで全国の小売業者に販売される商品との対比において用いられ，プライベート・レーベル，ストア・ブランドといった言葉とほぼ同義として用いられている。日本語では，PBは「自主企画商品」とも呼ばれている。日本で初めてのPB商品は1959年に大丸百貨店で発売された紳士服「TROJAN」だといわれている。また，ダイエーは1960年に「ダイエーみかん」，1961年9

月に「ダイエーインスタントコーヒー」，1970 年 11 月に 5 万円台のカラーテレビ「ブブ 13 型」を発売し，食品から衣料品，家電製品に至る幅広い分野で NB 商品より低価格を武器に競合他社に対する競争優位を構築した。これに影響を受け，小売企業各社は次々と PB 商品を開発・販売することになった。近年，PB は小売業において，ますます重要性を増している[7]。

　PB を導入することができるのは，一般に全国規模もしくはそれに準ずる規模でチェーン店を展開する大規模な小売業者に限られる[8]。小売業者が NB 商品を仕入れて販売するのではなく，わざわざ手間をかけて PB 商品を開発する目的として，利益確保と品揃え差別化を挙げることができる。

　まず，利益確保に関しては，大規模小売業者間の価格競争があるため，小売業者は競合店に対抗して商品価格の引き下げを積極的に行い，低価格販売を余儀なくされる。それは結局，小売業者の利益率を圧縮する要因となる。問題解決のため，小売業者は低価格販売と利益確保の達成が可能な商品として PB を導入するのである。PB は NB に比べ，他の小売業者との競合により利益を削りながら顧客を誘引する必要がなく，広告などのプロモーションに向けられる費用を最小限にとどめ，低価格での販売を実現しながら，利益を確保できることが期待される。また，PB は競合店の取り扱いを排除できるので，消費者の需要に合致した独自商品を導入することによって，小売業者は品揃えを通じた差別化を行うことができる。品揃え差別化のための PB は，他の小売業者との価格競争をある程度回避しつつ，その PB に対する選好で消費者のストア・ロイヤルティを高めて，消費者を店舗に呼び寄せる効果をもつ。したがって，この種の PB は，必ずしも NB より低価格を設定する必要はなく，実際に，NB よりも高い付加価値を訴求した高価格の PB も開発・販売されることが多い[9]。

　当初の PB は NB に比べると品質の面で粗悪なものが多く，そのため，価格が NB よりはるかに安いものが多かった。このように NB 製品に比べて，価格・品質ともに劣るような PB のことは一般にジェネリック PB と呼ばれる。ジェネリック PB のもつ品質の悪さを克服し，NB 製品を模倣することにより品質の改良が図られた PB のことを模倣ブランドという。また，価格と品質の両面

においてNBに劣らないPBも存在する。例えば，セブン＆アイ・ホールディングスが展開している「セブン・ゴールド」という製品ラインは，食パン，レトルト・カレー，パスタ・ソースのような食品分野で，「ワンランク上の美味しさをご提供します」というキャッチフレーズのもとで，同カテゴリのNB製品よりもむしろ高い価格帯と優れた品質を訴えている。このようなPBをプレミアムPBと呼ぶことができる。製品の品質に関してはNBに準じた水準を維持しつつ，価格面では破格の低価格でNBとの差をつけるPBのことを価値創造型PBという。このタイプのポイントは，優れたコスト・パフォーマンスを顧客に提案するところにある。その目的は，顧客に最大の価値を提供することによって，自社店舗に対する顧客ロイヤルティを確立し，幅広い口コミ効果を狙うことにある。ただし，NB同様の高品質を維持しつつ，顧客を魅了できる低価格を実現するために，小売業者は十分な店舗数を確保することにより規模の経済性を最大限に生かす必要性がある。また，小売業者は大手もしくは中堅のメーカーを取り込み，NBに勝るとも劣らない品質の商品を供給しなければならない[10]。

　価値創造型PBとして，SPAを挙げることができる。SPAはもともと，アメリカのカジュアル衣料品チェーンのGAPのCEOミラード・ドレクスラー氏が同社の1986年度の株主総会で自社の小売フォーマットを説明する際に用いた表現"Specialty Store Retailer of Private Label Apparel"（PBのアパレル商品による専門店）であった。『繊研新聞』がそれをSPA（「製造卸小売業」，のちに「製造小売業」）として紙面に紹介したことがきっかけで日本に普及するようになった。1990年代に入って，SPAは素材調達，企画，開発，製造，物流，販売，在庫管理，店舗企画などすべての工程を一つの流れとして捉え，サプライチェーン全体の無駄，ロスを極小化するビジネスモデルと定義されている。小売店舗事業を国内外で展開するファーストリテイリンググループ傘下のユニクロはSPAの取り組みで知られている[11]。

　2000年代初期，ユニクロは自転車競技用のウェアからヒントを得て，生地のドライ機能を合成繊維メーカーとの共同素材開発の過程や編地の組成づくり

の中で定義づけ，その条件を満たす素材のみを選択し，原材料となる糸の開発，染色整理，縫製などの工程を自社の素材開発・生産担当者による指導のもと，品質，納期，設備，倫理面などに優れたメーカーをネットワーク化していた。2次製品の所有権は合成繊維メーカーの子会社である卸売業者が負担し，ユニクロは当面の販売を予定する数量のみを買い取る形にしていた。ユニクロはこの合成繊維メーカーとの間で取り決めを交わし，共同開発した素材について，その素材を使用する商品の一定期間における生産数量と販売数量の計画を週次レベルで共有する。それによってネットワークを構成する各生産段階のメーカーも必要とする生産設備や原材料，作業員などの手配を事前に計画することができる。また，各生産段階のメーカーとの間の情報共有に基づくネットワークは，各生産段階におけるトレンド，技術動向，競争相手の行動などについての情報収集の効果を発揮する。対象となる商品の販売が始まると，実需に基づく週次の需要予測がネットワークのメンバー間で共有される。売行きの良くない商品については早期に値下げを行って在庫処分するとともに，生産計画の変更を行う。生産計画を超える実需が発生した場合には，調達量の上方修正が週次レベルで行われる。

　こうして，ユニクロは素材開発から関与するPB商品の大量仕入れと大量販売のリスクを分散させながら，品質基準の向上と商品欠陥率の低下や商社を介さない最終製品の輸入などによる費用の低減に努め，価格水準からみて比較的に高い品質をもった基幹商品の品揃えを実現している。ところで，衣料品などでのSPAが開発したブランドをPBというべきかという問題もある。これは製造小売業者を小売業者と見るか，それとも生産者と見るかという問題である。つまり，独自ブランドを開発した企業を小売業者と見れば，小売業者が直営工場や契約した工場に商品を作らせていることになり，この場合はPBとなるが，この企業を生産者と見れば，生産者が商品を直営店で販売していることになり，この場合はNBとなる。定義の混乱を避けるために，小売業者をさまざまな生産者の商品を取り扱う業者として限定的に定義し，そのような品揃えを形成する小売業者が開発した独自ブランドをPBとするという方法が考えられる。こ

のような限定的な定義に基づけば，SPA の業者は他の生産者のブランドを取り扱わず，小売業者ではないと考えられるため，SPA の商品も狭義の PB の範疇から外れることになる[12]。

　日本において，今最も注目されている PB の 1 つは 2007 年からセブン＆アイ・ホールディングスが販売開始したセブンプレミアムである。セブンプレミアムは NB と同じレベルの品質でありながら価格面で優位に立つ商品を作るために，目標とする NB に徹底的に調査を行う。商品開発を行う際に，過去の実績に関係なくゼロから最適のパートナーを探す。常に高度な開発技術を持つメーカーと共同開発・製造を行った結果，セブンプレミアムは当初の食品・飲料・日用品などの 49 アイテムから 2011 年度の 1500 アイテムに増え，2017 年 5 月の時点で年間売上高 10 億円以上のアイテムが 192 あった。セブンプレミアムの売上高は 2007 年度の 800 億円から 2016 年の 1 兆 1,500 億円に増加した[13]。

3. チーム・マーチャンダイジングの取組み

　衣料品の企画・開発機能をもったアパレル・メーカーは，自らの企画商品を市場に導入するにあたって，事前に小売業者を招いて商品展示会を開き，小売業者から得た仮需に基づいて販売計画を立て，生産メーカーへの発注量を決める。小売業者やアパレル・メーカーから出される販売計画や発注計画は，各生産メーカーにとって生産計画の目途となる重要な数字であり，正確な数字でなければ，各生産メーカーはそうした注文充足の不確実性に対応した体制をとる。業界全体が最終市場における不確実性によって生じる市場リスクを吸収するために，多品種少量の生産と販売体制を固めていく。それは，すべてのメンバーが，その意思決定をできる限り遅らせよう（延期しよう）とすることにもつながる。このような追加生産を考慮したシステムは過剰生産を避ける一方，①リスクは個々のメンバーがとるとともに，他人にも転嫁できるという複雑なリスク分担の構造を有し，②縮小均衡のメカニズムが働く結果，目には見えないが

規模の経済性が確保されない[14]。このようなマイナス面を克服する典型例として，イトーヨーカ堂の「チーム・マーチャンダイジング」が挙げられる。

初期の成功例は1992年に投入した「新合繊ポロシャツ」である。従来の衣料品の商品開発では，小売業者はアパレル・メーカーとの間で企画案を検討するが，縫製をまとめるのはアパレル・メーカーだった。小売業者は縫製から先の染色や糸の工程には関与しない状態で企画・販売が決定された。「新合繊ポロシャツ」では小売業者がコーディネーターとなり，生産—流通段階間の関係が全面的に再編成された。紡績（クラボウ）—染色（東海染工）—縫製（シキボウナシス）—小売が一体となって，製品企画から生産・販売計画まで共同的なコミュニケーションによって進められた。情報の共有と蓄積が商品開発を強化し，各工程間の円滑な調整・連携が，製品コストや在庫リスクを引き下げた。全量買取制のため，供給業者のリスクは軽減され，その代わりに小売業者は短納期を供給業者に求めた。その結果，従来通りのシーズン前の全量納品ではなく，生産—流通段階間はポロシャツの場合全取引量の15〜20％を販売期間中の追加発注とし，3週間のリードタイムで納品できるQR体制を敷いた[15]。

このチーム・マーチャンダイジングは，「顧客の必要とする商品を必要なだけ作って売る」方式を確立するために，商品の製造，流通，販売にかかわる企業がチームを結成する[16]。チーム内では，販売情報を共有し，販売動向に合わせた追加発注で，需要に対応した商品を低コストで消費市場に供給する。この商品開発の形態は，特定の小売業者向けにPB商品を開発・供給することから全社レベルの戦略にかかわる問題となる。

イトーヨーカ堂のチーム・マーチャンダイジングは，アパレル業界の伝統的なシステムとは一線を画したものであると捉えることができる。第1に，それは伝統的システムに比べ，予期しない返品や追加発注などの発生の確率を低下させ，情報面とリスク負担面において透明度の高いシステムである。第2に，イトーヨーカ堂が一定量の最終市場のリスクを背負うことを確約したシステムであり，その確約の見返りに，原材料の安定供給，縫製や染工に関する生産設備の将来にわたる使用権あるいは占有権が確保される。第3に，各生産メーカー

は一定量の需要がイトーヨーカ堂によって保証されるため，自らの生産体制を多品種少量体制にする必要性は小さく，大量生産が可能となる。第４に，すでに確保した原材料と生産設備が手元にあるので，需要の動向に照らして柔軟に生産量を対応させることができる。とはいえ，チーム・マーチャンダイジングによって生産過程でのコストダウンが図れ，期間中の追加生産が可能な体制ができたとしても，そこで企画された商品が市場で支持されるかどうかは別問題である。また，成功した商品についても次年度には競合他社が類似の商品を導入してくるので二年連続で当初の販売計画を上回ることは困難である[17]。

4.　製販同盟におけるパワーと信頼

　商業での取引関係において，信頼関係は極めて重要な位置を占める。組織間の信頼は協調度および取引関係の継続性を規定する。その中で，２つの信頼が重要になる。１つは，情報の信頼であり，交渉などの情報交換において，取引相手に情報を開示して，虚偽の情報をもたらさないことである。もう１つは，行為の信頼であり，交渉で決められた契約を守り，取引において相手の期待する行為をすることである。信頼関係が形成されていれば，短期的で経済的な取引条件だけを考えて行動するのではなく，取引相手との長期的な関係や社会的な結びつきを含めて考えた取引行動を展開することになる。信頼関係を含んだ取引行動を行えば，取引費用が節約されたり，商品開発や生産が効率的になったり，取引相手に合わせた設備や技術への投資が促進されたりするという経済的なメリットが発生する。ただし，信頼関係に経済的なメリットがあるにもかかわらず，信頼関係を形成することは容易ではない。それは信頼関係を形成するうえで，一方的なコミットメントの危険性，市場取引への執着，信頼関係による成果の不確実性という３つの障害が予想されるからである。生産者や商業者が信頼関係を形成するため，これらの障害を克服する取り組みが重要になる[18]。

　実際，商業における取引では，一方の企業が取引相手に対して優位なパワー関係を持つ場合が多い。パワーとは，特定の相手の行動を統制できる能力のこ

とである。パワー関係は，そのような統制ができる関係を意味する。統制とは自分の意思に沿った特別な行動を他者にさせることである。このパワー関係を背景として，取引相手に特別な協力をさせるとき，商業の中に，商品の市場取引でもなく，垂直統合でもない，その中間の企業間関係が形成されることになる。このようなパワー関係は，どのようにして形成されるのか。1つ大きな要因は取引における依存関係にある。依存関係は，企業Ａが企業Ｂに商品を販売しているとすれば，ＡのＢへの依存度（販売依存度）とＢのＡへの依存度（仕入れ依存度）の2つによって決まる。この依存度は，①相手との取引の重要度が大きいほど，②その取引相手以外に代替的な取引相手が少ないほど，大きくなる。取引における比重と商品や店舗の差別化の大きさによって，取引相手との依存関係が規定され，それに基づいてパワー関係が形成される。しかし，生産者や商業者が依存関係に基づくパワー関係だけで取引相手を統制しようとしても，不都合が生じる場合がある。第1に，依存関係は産業構造に強く規定されるため，取引相手に協力してもらうのに十分なパワー関係が形成できない可能性がある。第2に，依存関係に基づくパワー関係だけでは，取引相手の違いによるパワー関係のばらつきが生じてしまうという問題がある。そこで，取引関係における依存関係を補完するために，リベートのような経済的な報酬や物資や情報などの相手にとって価値ある資源，テリトリー制度，再販売価格維持制度などのような競争行為の制限などが，パワー資源として利用される。多くの場合，パワー関係が形成されるために，依存関係に基づくものとパワー資源に基づくものが併用される[19]。

　近年，従来において製品市場シェアとブランド・ロイヤルティの条件に基づいて製造企業が構築していた小売企業に対する優位なパワー関係が弱くなるとともに，大規模小売企業が製造企業や卸売企業などの仕入先に対するパワー関係を強め，小売業へのパワーシフト現象が起きている。この現象をもたらすのは，1つには，小売市場における大規模小売企業の集中度の高まりがある。つまり，大規模小売企業は，国内外の大手小売企業との競争を打ち勝つべく，規模に基づく優位性を商品の調達力や開発・生産力，効率的な物流，販売・サービス活

動での差別化などのさまざまな局面において発揮するための成長戦略や規模に基づく高収益化戦略を志向している。もう1つには，製造企業間の国内外の競争の結果として，製品や販促活動の同質化によってコモディティ化が進んだことがある。これは，市場成長率の低迷に伴う閉塞した市場競争から，技術革新やヒット商品もすぐに追随・模倣され，製品差別化が持続できなくなったこと，あるいは，外国企業の技術的キャッチアップや国内外の企業による海外での低コスト生産の展開による同質的で低価格の製品との競争に陥り，製造企業間での価格競争が激しさを増してきたことによるものであると考えられる。

　小売企業のパワーは，製造企業や卸売企業からできるだけ安く商品を仕入れるために使われることが多い。ところが，小売企業優位のパワーが，仕入先から取引価格の譲歩を得ることよりも，物流・生産・開発などの活動における統制に使われている。一方，信頼という概念は，契約による信頼，能力に対する信頼，善意による信頼に分類されている。その中で，善意による信頼は人格的信頼であり，長期継続的な協調関係の達成というかけがえのないベネフィットをもたらすが，思わぬ慣れ親しみによる悪循環の発生を引き起こしかねない。また，契約による信頼，能力に対する信頼はシステム信頼であり，複雑性の縮減という合理的な側面を大いにもつが，予想可能な分だけの協調しか得られない。製販同盟はパワー・バランスともいわれる相互依存関係と協調関係の構造下において，大きいパワーをもつチャネルメンバーによってシステム信頼を求める。ここでは当初から大手同士のパワー・バランスが考慮され，相手のシステムに対する信頼が前提とされ，相互信頼に基づくパートナーシップの形成が重要である[20]。

注
1)　鷲尾紀吉『現代流通の潮流』同友館，1999年，200頁。
2)　石原武政・石井淳蔵編『製販統合―変わる日本の商システム』日本経済新聞社，1996年，3頁。
3)　鷲尾紀吉，前掲書，75-81頁，202-203頁。
4)　石原武政・石井淳蔵，前掲書，29-30頁。
5)　鷲尾紀吉，前掲書，203頁。

6) 同上書，204-205 頁。

7) 水野清文『PB 商品戦略の変遷と展望』晃洋書房，2016 年，95-98 頁。

8) 崔容薫・原頼利・東伸一『はじめての流通』有斐閣ストゥディア，2014 年，88 頁。

9) 高嶋克義『小売企業の基盤強化―流通パワーシフトにおける関係と組織の再編』有斐閣，2015 年，77-78 頁。高嶋克義『現代商業学〔新版〕』有斐閣アルマ，2014 年，186-191 頁。

10) 崔容薫・原頼利・東伸一，前掲書，96-99 頁。

11) 同上書，46-47 頁。

12) 同上書，30-31 頁。高嶋克義，前掲書，2014 年，189-190 頁。

13) 株式会社セブン＆アイ・ホールディングス HP，2018 年 6 月 4 日。

14) 石原武政・石井淳蔵，前掲書，114-120 頁。

15) 矢作敏行『現代流通―理論とケースで学ぶ』有斐閣アルマ，2008 年，127-128 頁。

16) 『日経ビジネス』1996 年 9 月 30 日号，23-25 頁。

17) 石原武政・石井淳蔵，前掲書，125-127 頁。

18) 高嶋克義，前掲書，2014 年，114-132 頁。

19) 同上書，133-146 頁。

20) 崔相鐵「流通系列化の動揺と製販同盟の進展―信頼概念の問題性とパワー・バランスの追求傾向へのチャネル論的考察―」香川大学論叢第 70 巻第 2 号，1997 年，89-127 頁。

第8章　ライブ・エンタテインメントと
リレーションシップ・マーケティング

1.　ライブ・エンタテインメント概観

　本章では，広告コミュニケーションという観点から，ライブ・エンタテインメントとリレーションシップ・マーケティングの親和性について検討する。まず，ライブ・エンタテインメントの定義からはじめ，ライブ・エンタテインメントの社会における環境を概観していく。次に，ライブ・エンタテインメントがいかにマーケティングに活用しうるかを検討し，事例研究で確認していく。

(1) ライブ・エンタテインメントの定義

　音楽やスポーツをはじめとして，祭り，ワークショップ，博覧会，展示会，会議などイベントの範囲は広い[1]。さまざまな形態のイベントの中でも，本章では，「観るひと」と「するひと」が集うイベントをライブ・エンタテインメントとする。

　では，「ライブ」なイベントとは，どこまでが「ライブ」なのか。イベントにおける「ライブ」とは，送り手（創り手）と受け手（観客・オーディエンス）がその場でつながる形態である。しかし，テクノロジーの発達によって，イベントにおける「ライブ」の多様化が散見される。例えば，実地においても，会場が大きければ会場内のモニターを通じて，受け手は出演者とつながることもあれば，飲食店や他の会場に受け手が集まり，メディアを通じてイベント出演者とつながることもある。あるいは，自宅でニコニコ動画などパソコンの画面を通じてつながることもありうる。つまり，イベントにおいて，受け手同士あ

るいは受け手と送り手はその場／メディアを通じてつながっているのである。

　一方「エンタテインメント」とは，Longman Dictionary of Contemporary English によれば，①楽しむという感覚を刺激し，興味をもたせるような行動や組織　②楽しむという感覚を刺激し，興味をもたせるような公の場におけるパフォーマンス，とある。本章では，この定義に従い，「するために参加」（スポーツ競技会，ダンスコンテストなど），「観るために参加」（音楽コンサート，演劇など）しているイベント全般を「エンタテインメント」の対象とする。加えて，人々にとって「ライブ」な「エンタテインメント」は，自然発生的なイベントや伝統行事から派生したイベント，企業が社会貢献を目的として開催するようなボランティア活動なども含まれうる。

　したがって，人々が集まって観る／する娯楽・遊びを「ライブ・エンタテインメント」と定義し，以後社会におけるライブ・エンタテインメントの環境を確認したうえで，ライブ・エンタテインメントと企業のマーケティング活動の親和性を検討していく。

(2) ライブ・エンタテインメントの社会における環境

　ソーシャルメディアが社会に浸透し，その場に存在しない人とのコミュニケーションが容易になった。例えば，ソーシャルメディア上に，マラソン大会やトライアスロンなどに出場したことや，コンサートや芝居などを鑑賞したことを参加者が写真で知らせるために，投稿する現象が散見される。つまり，ライブ・エンタテインメントを介して人々によってコミュニケーションが行われているのである。

　嶋根克己は，人々が文化を経験する場の非日常性を社会―個人，予測可能―予測不可能という４象限で捉えている [2]。嶋根によれば，特別な場であり，特別な時間である非日常経験が，資本主義に則った商業活動となり，日常的に創りだされるようになった。そして嶋根による，

　　　若い世代にとっては，この社会はいかなる「非日常的な」出来事も起こ

らないかのような平板で退屈な社会と化しているかのようである。[3]

　との指摘は，企業が非日常の場を商業活動に活用した結果，非日常な出来事が日常化した状況を示している。都市のなかで非日常を演出する音楽イベント「都市型パリピフェス」が『日経トレンディ』2014年11月17日号の2015年ヒット予測ランキング12位に選ばれるなど，送り手は人々（消費者）の需要に応えるべく，非日常な機会を提供する[4]。多くの社会学者が指摘しているように，人々は，非日常の場が日常化することにより，定期的かつ簡易に非日常の場に参加するようになったのである[5]。

　送り手の関与によりライブ・エンタテインメントは，人々の日常生活の一部になり，休日に人々が参加する余暇（レジャー）の主要な活動のひとつになった。では，企業は，人々の日常生活に密接につながるようになったライブ・エンタテインメントをマーケティングにいかに活用しうるか。

(3) ライブ・エンタテインメントとマーケティングの関係

　インターネットの普及により，人々（消費者）はマスメディアを通して送られてきた情報を従順に受け取らなくなった[6]。人々は，何か疑問が生じたら，「ググって」（検索エンジングーグルでキーワードを入力し，情報を得る行為）主体的に情報を検索することが可能になった。一次情報を含む情報が豊富に提供されるようになり，情報の送り手である広告主・広告会社などの送り手から人々（消費者）に一方向であった情報の流れが，人々（消費者）が情報の送り手としても機能するようになったのである。このことを，1960年代に鶴見俊輔は以下のように予見している。

　　政府と広告とは，たがいに手をとりあって，今の社会における惰性の支配を，魅力あるものに見せようと宣伝をつづける。その宣伝がマス・コミュニケーションにのるわけだ。このようにかざられた社会像にたいする批判は，その社会と関係がないと感じられている自分，その私性からあら

われる他はない。[7]

　鶴見が予見した通り，メディアテクノロジーの発達により，受け手のメディアリテラシーが向上した。テレビ，新聞，雑誌，ラジオといった，「オールドメディア」が全盛の時代では，テレビの影響が大きく，送り手からの情報を人々が受け取って消費するという構図であった。しかし，インターネットという新たなメディア環境の発達により，人々は，情報を自ら解釈し，情報を発信することがオールドメディア全盛の時代に比べて相対的に容易になったのである[8]。

　つまり人々は，送り手からの一方的な情報を受け取るだけではなく，インターネットなどを活用して，情報の検索／共感／発信，という行動をとることが可能となったのである。と同時に送り手は，人々を画一的に捉えるのではなく，ひとりひとりからいかに理解されているのか，に注意を向ける必要が生じたのである[9]。

　では，メディアテクノロジーの発達に付随して，メディアリテラシーが向上した人々（消費者）に対して，送り手はいかに対応しうるか。

　ライブ・エンタテインメントは「リアル」な場であり，これまで送り手はFace to Face，限定性といったライブ・エンタテインメントの特徴を広告コミュニケーションの一環として活用してきた[10]。ライブ・エンタテインメントにおける広告コミュニケーションとしては，商品や試供品などをその場で配る「サンプリング」，モニター画面を活用した「CM放映」，企業名やブランドなどの看板をテレビ放映に露出することを前提にした「ロゴ・プレイスメント」，特設ブースでの「商品展示」などがあげられる。

　例えば，「サンプリング」，「商品展示」などは，コミュニケーションを図り，人々（消費者）の反応を直接把握することが可能である。その反面，「face to face」であるがゆえに，会場の受け手（観客・オーディエンス）にコミュニケーションが限定されてしまう。仮に，会場に1,000人参加者がいた場合，物理的に1,000人としかコミュニケーションすることができない。ライブ・エンタテインメントの「限定的なコミュニケーション」という弱点を補うために，TVを活用す

ることでより多くの人々に認知を促す方法である「ロゴ・プレイスメント」が行われるようになった[11]。

「オールドメディア」で広告コミュニケーションが成り立った時代には，TVを活用した「ロゴ・プレイスメント」は，広告主のブランディングという点で効果があった[12]。しかし，人々（消費者）のメディアリテラシーが向上したコミュニケーションの状況下では，より多様性に富んだコミュニケーションを図る課題に対して，ライブ・エンタテインメントの特徴である「人々の交流」に留意した広告コミュニケーション展開が見受けられるようになった。

2. ライブ・エンタテインメントと「共創」の親和性

人々（消費者）と企業（広告主）によるコミュニケーションを広告コミュニケーションと捉える。社会の変容に付随して広告コミュニケーションも変容する。例えば，山田昌弘は，消費の様式を①飢えや苦痛から逃れるための消費，②家族の豊かな生活をつくり出すための消費，③自分で選んだブランドを買い続ける消費，④つながりをつくり出すための消費の4つに類型化している[13]。①から③は戦後復興期から高度経済成長期そしてバブル期までを，④はバブル崩壊後，日本の経済成長がペースダウンしてからの社会を捉え，人々の幸福という視点から消費を検討した。

①から③までは「モノ」を消費することにより幸福を感じるのに対して，④は消費を「人間関係を育むための道具」，言い換えれば，人々は，人とつながり，幸福を感じる手段として消費行動をとるようになったのであり，企業から人々へと一方向のコミュニケーションではなく，人々と企業の関係性＝「リレーションシップ」を重視するようになったと言えよう。

(1) ライブ・エンタテインメントにおける「共創」の展開

人々（消費者）の「モノ」に対する意識の変容に付随して，例えば大手広告代理店が中心となって研究会が形成された「経験経済」など，さまざまなマー

ケティング方法論が展開された[14]。その中で,「リレーションシップ」という観点から,人々（消費者）の「モノ」消費に対する意識の変容をサービス・ドミナントロジック（以下S-Dロジック）として概念化したのは, R. ラッシュとS. バーゴ（R. F. Lusch, S. L. Vargo）である[15]。

　ラッシュとバーゴは社会を構成するそれぞれの要素をアクターと称し, アクターがそれぞれ有している能力を統合することにより価値が形成されることを示した。つまり「企業」,「消費者」,「送り手」,「受け手」といった明確な役割がなくなり, それぞれ有している能力が融合し, 共通の価値を創りだすのである。ラッシュとバーゴのS-Dロジックによって提示された「価値の共創」は, 送り手（創り手）と受け手がその場でつながる機会となりうるライブ・エンタテインメントにとって, 親和性が高いと言えよう。

(2) ライブ・エンタテインメントにおける「共創」の意義

　当然ながら, 人々の意識の変容を企業など送り手は把握して, ライブ・エンタテインメントを企業と人々（消費者）のコミュニケーションとの場として活用するようになった。

　例えば2015年2月発売『宣伝会議』特集「CSVでソーシャルグッド」では, 人々が社会貢献に高い意識を持っているとし, トヨタのハイブリット車プロモーションイベント「AQUA SOCIAL FES」が事例としてあげられている。

　「AQUA SOCIAL FES」は, 2012年から2017年で参加者総計69,699人, プログラムの場となった都道府県は累計653に積みあがった[16]。このライブ・エンタテインメントで特筆すべきなのは, ライブ・エンタテインメントの場が, 人々の環境保全への取り組みが主たる目的として企業から提供されていて, かつ環境保全への留意という企業の「思い」を共有したところである。例えば顕著な例として, Facebookでコミュニケーション展開をしていて人々のリアクションの指標である「いいね！」を31,958も獲得したのである[17]。

　当然ながら日本を代表する企業であればこそ展開できうるライブ・エンタテインメントとは言える。しかしながら多くの企業がライブ・エンタテインメン

トの場を，単に一過性の機会として捉えるのではなく，人々（消費者）と価値を創り上げ，その価値を共有する「きっかけ」として提供する可能性はあるのではないか。企業が人々と価値を創り上げ，その価値を共有することを「共創」とするならば，以下で検討する高槻ジャズストリートは，地域住民が主体となって，多くのアクターの「共創」によって成り立っているライブ・エンタテインメントと言えよう。

3. 高槻ジャズストリート

(1) 高槻ジャズストリートとは

　1998年以来毎年5月3，4日に開催され，2018年で20回目を迎えたのが高槻ジャズストリートである。原則出演者・観客とも無料で参加可能であり，JRおよび阪急の高槻駅を中心として全63会場で演奏および催し物が行われ，ジャズを演奏したいひとはプロアマを問わない。そして，なにより街が一体となって取り組んでいて，映画館，教会，仏閣，さらに普段は市内を走るバスなども当日はライブ会場に様変わりする。イベント当日は高校生も制服でパンフレットを配布するなど，高校生から高齢者に至るまでボランティアで構成される実行委員会が運営の主体として関わっている。出演者に関してもジャズを生業としている送り手と，ジャズを生業としていない送り手が混在としている。受け手（観客・オーディエンス）も，地域住民，観光客，ジャズを愛好する近隣府県の人々が混在している。

　高槻ジャズストリートが音楽イベントとして特筆すべき特徴は，マスメディア・イベント産業や大口協賛といった後援企業が主たる運営には関わることがなく，地域のボランティアなど送り手（創り手）によって成立し，

写真 8-1

（全国から行政の関係者が視察に訪れるなど）地域活性化イベントとしてある一定の評価を得るまでに発展したところである。

地域住民であるある送り手に高槻ジャズストリートがはじまった経緯を確認したところ，

高槻は俗に言うベットタウンなので，GW や年末年始などのシーズンは町はがらがらでゴーストタウンみたいになっていたんです。（中略）1 回目は実行委員 20 人，18 会場で始めました。1 会場 1 人ぐらいの割合で，半泣きになりながら一人でどないしようかなと。2 回目の時は実行委員が200 人ぐらいになってそれから広がっていったという感じです。[18]

インフォーマント（情報提供者）にとって，高槻ジャズストリートを開催するきっかけは，商店街の活性化だったのだが，そのうち高槻ジャズストリートは，全国の自治体が地域活性化の成功事例としてノウハウを聞きに来るほど発展したのである。

うちは十分な機材もないのにみんな楽しんでくれてるところかな。ミュージシャンがひとりひとり分担金を払わないといけないところもあるんですが。うちは参加者も観るひとも無料です。そこも特徴ですかね。（中略）参加者も一応審査があるんです。場所も抽選です。人気がある場所ですと 100 組ぐらい集中することもあるんです。でも場所が悪いから人が来ないということもなく，実際はどこも人がいっぱい集まりますね。（中略）家族できて子供が遊べて飲食ができるところもある。ウチのいいところを知ってもらってお店もおいしいところもいっぱいあるし。参加型のお祭りですから。[19]

インフォーマントへの聞き取りにより示されたことは，高槻ジャズストリートは音楽イベントであると同時に街の祭りなのである。

第8章　ライブ・エンタテインメントとリレーションシップ・マーケティング　*109*

　そして高槻ジャズストリートにおける受け手はオーディエンス（観客）・演奏希望者ともに無料である。イベントの運営費用に関しては「Tシャツを売ったり，公園で焼きそば売ったり，ビール売ったりして全部イベントの費用にしているわけです。スポンサー頼りではなく，自分たちでということで。スポンサーに頼ると出来なくなる可能性もあるわけですから」[20] であり，できるだけ直接収入に頼るという仕組み形成を意図している。では地域住民主体の送り手（創り手）にとって広告コミュニケーションとはいかなるものか。

　　以前近所のディーラーが本体に協賛の話をあげてくれて，本体（本社）のかたと会うことになったんですよ。イベントへの協賛にのっていただいたまではよかったんですが，条件として，会場すべてに車を展示し，イベントに会社名を入れてほしいという点があがったんですよ。
　　（中略）イベント費用がその会社の協賛ですべて賄えるわけですから，そりゃ喉から手がでるほどほしかったですわ。でも毎年協力してくれているボランティアの方々へ説明できないし，みんなで楽しもうという感覚ではなくなってしまうので最終的にはお断りしたんです。[21]

　高槻ジャズストリートは，協賛を受け入れるということにより広告主が運営に加わり不協和音を生じさせる懸念が強いので，積極的に大口協賛を募る意図はない。インフォーマントによる「僕たちの魂を売りたくない」[22] という表現がそのことを如実に表している。
　広告主はイベントに協賛する意図を持っている [23]。しかし，高槻ジャズストリートでは広告主の要求が，イベントの「思い」を崩してしまう懸念があることで，（協賛金は必要だが）協賛金を受け入れることができない事態を招いたのである。

　　誰かが儲けるためにやっているわけではない。楽しくやりたい。（中略）いろいろケチをつける人もいるけど。みんなが楽しめるように，と思って

労力を出してくれているわけですから。参加してる人，来てる人も何か手伝う，それが参加型のイベントということなんだと思うんですよ。（中略）普通に一緒に楽しめる人たちが集まるような祭りなら，一緒に楽しめるし。そのためなら寝ずにがんばれるし，そういう祭りにしたいですよね。運営できるかどうかは毎年厳しいんですけど。[24)]

　インフォーマント（地域住民である送り手）には受け手とイベントでの経験を共有したいという明確な「思い」があり，その「思い」を成就するために，あえて安易なかたちでの広告協賛を受け入れない。インフォーマントからの聞き取りにより示されたのは，参加する人々の「思い」が一体になることによってイベントは意義のあるものになるということが示されている。

(2) 受け手の参与形態

　では，オーディエンス（観客）として地域住民である受け手は高槻ジャズストリートをいかに捉えているのだろうか。阪急高槻駅近傍で聞き取りしてみたところ，

　　まず無料であることと，街あげてのお祭り的な感覚がいいんですよね。それとジャズなんて普段商店街歩いても聞かないものが，BGM として街全体に流れている感じがたまりませんね。それに出演者も多く選択肢がたくさんあるのもいいです。
　　（中略）初めて耳にしたアーティストの演奏が気に入ったらその場で売っている CD 買いますね。その場で終わってしまうのがもったいない気がして。
　　（中略）高槻ジャズストリートのおかげでジャズを普段から聞くようになりました。どんなアーティストに出会えるか毎年楽しみにしてます。[25)]

　このインフォーマントにとって，ジャズを介して街をあげて一体になれるこ

とが魅力であり，送り手のイベントに取り組む「思い」に共鳴している。加えて，インフォーマントにとっては，日常生活につながる新しい発見がある。インフォーマントへの聞き取りにより示されたことは，高槻ジャズストリートを通して，受け手は，街全体がジャズ一色になることで一体感を感じ，新たな音楽の発見が日常生活につながりうる「きっかけ」をもつということである。

　一方高槻ジャズストリートでは，当初受け手として参加しているうちに，イベントに共鳴することで送り手（創り手）に変容する場合がある。高槻ジャズストリートの運営を支えているのは，そういった送り手で構成されている実行委員会なのである。実行委員会のスタッフとしてイベントに参与している送り手からイベントについて聞き取りしたところ，

　　今回で３回目となります。過去２回は近所づきあいで観客として参加していました。はじめて演奏を聴いたバンドがあまりに心に響いてCD買ったこともあります。
　　（中略）このイベントに参加することはなんといってもイベントを運営するひとからおもしろい雰囲気が伝わってくるんですよね。なんだこのイベントは？ってびっくりしましたよ。それで運営に参加したいと思いました。
　　（中略）他のメンバーも集客のために自分たちも盛り上げていくぞという意気込みでボランティアとして参加しています。[26]

　この送り手は当初２回地域住民として知り合いが出演者として参加している等の理由により関わっていた。しかし，受け手という立場だけでは物足りなさを感じて，送り手の立場として高槻ジャズストリートにかかわるようになった。また別の送り手に聞き取りしたところ，

　　最初は観客として好きなステージだけを楽しんでいました。（中略）その当時からスタッフ（送り手）の一体感はすごいなって感じていたんです

が，知人が実行委員としてイベントに参加することになって，一緒に（実行委員として）参加することになりました。[27]

　受け手から送り手へと立場を変えて参加している二人に共通しているのは，受け手として参加している時から，高槻ジャズストリートの送り手に一体感があることを感じているのである。その結果として，送り手という立場でイベントに関わることにより，街を盛り上げていこうとする「思い」が生成されるのである。

　地域住民の受け手ならびに受け手から送り手に変容したインフォーマントへの聞き取りにより示されたのは，高槻ジャズストリートの「近さ」である。つまり，日常生活を過ごしている街がイベント一色に染まり，日常の非日常化が起こる。加えて，受け手がイベントに共鳴することにより送り手（創り手）に変容し，自らの意思でイベントの送り手として関わっていくことができうるのである。

　では，地域住民が中心となって運営している高槻ジャズストリートの「近さ」や「思い」に企業はいかに関わりうるか。

（3）企業の関わり

　高槻ジャズストリートにおける主な送り手（創り手）はボランティアである実行委員会と出演者である。積極的に企業からの協賛を募らず，広告会社などイベントを生業とする送り手（創り手）の助けも借りることなく 1998 年以来長年続いたのが高槻ジャズストリートである。高槻ジャズストリートにおいて収入の主は T シャツの売上や飲食の物販などで企業協賛は副次的なものである。加えて，地域住民（送り手）からの聞き取りでも明らかなように，イベントの運営に支障をきたすような企業からの協賛を受け入れない。と同時に，協賛する企業（広告主）にとっては，メリットがなければ賛同しづらいのではないか。結果として 1998 年以来イベントの「思い」を守るために高槻ジャズストリートでは地域に根ざした企業からの協賛のみとなった。

第 8 章　ライブ・エンタテインメントとリレーションシップ・マーケティング　113

写真 8-2

写真 8-3

　その一方で 2012 年から関西全域をカバーするラジオ局である FMCOCOLO が高槻ジャズストリートにかかわるようになった。FMCOCOLO のかかわりによって，放送を通じて認知度があがるという点で高槻ジャズストリートにとっては意義がある。加えて，高槻ジャズストリートがマスメディアを介して人々に伝わることにより，リスナーがイベントの受け手となって T シャツなどを購入する確率が高くなる。(T シャツなど) 直接販売が収入の主となっているのでイベントを成立させるうえで有効な手段と言えよう。一方ラジオ局にとっても，イベント会場で音楽に興味のある人々に社名を周知させることができ，ブランディングに寄与しうることが想定される。

　しかし，地域住民の送り手ならびにラジオ局への聞き取りを通じて，そのような単純な構図でないことが示された。ラジオ局が関わった経緯は，ラジオ局所属 DJ がボランティアとして高槻ジャズストリートの会場の司会をしていた縁で，2012 年度から協賛するようになった。ラジオ局インフォーマントに聞き取りしたところ，ラジオ局として，「やりたい人がやりたいようにやっているイベントであり，参加しているオーディエンスも出演している人も自由に振舞っている」[28] ので「イベントの雰囲気を邪魔しない」[29] という姿勢で関わっている。そしてラジオ局の協賛する意義としては，

確かにイベントの質という面では，手作り感満載で決して凝ったもので
はない。しかし，作り手とオーディンエンスの何かおもしろいパワーを感
じることができて，そのことを（事前に）告知して，実際足を運んでくれ
たリスナーからの感想を読むと事実として伝わっていて。

（中略）それが関わって価値があったなと思っています。[30]

　イベントに関わることにより，事前告知のパブリシティやCMを聴いた人々
がイベントに受け手として参加し，そこでの経験をもとに，そのラジオ局のリ
スナーとして定着するという循環がおこっているのである。

　一方地域住民の送り手にラジオ局と組んでイベントは変化したかどうか確認
したところ，

　イベントの姿勢などは全く変わっていません。ただ，勝手にイベントの
内容などを告知してくれて，多くのひとに伝わるのでそれは有難いですね。
（中略）それとこっちは素人なわけで，やはりプロの方からのアドバイス
で気づかされるところはありますね。ただ考え方は一切かえるつもりはな
いですけど。[31]

　広告コミュニケーションに関しても，各会場でのネイミングライツという形
態では行われており，イベントを「邪魔しない」[32]という配慮のもと最大限効
果をあげる手法を模索している。そして「参加してみてジャズが好きになり家
でも聞くようになりました，というリスナーからのコメントは結構あります。
そんなコメントを聞くと協賛した甲斐がありました」[33]との送り手（創り手）イ
ンフォーマントからの聞き取りからもイベントが送り手，受け手双方にとって
意義ある場であることが示されている。送り手，受け手双方がイベントの「思
い」に共鳴しているのが，高槻ジャズストリートなのである。

第8章 ライブ・エンタテインメントとリレーションシップ・マーケティング　*115*

注

1) 宮本宗治「イベントの統計」イベント学会編『イベント學のすすめ』ぎょうせい，2008 年，238-251 頁。

2) 嶋根克己「非日常を生み出す文化装置——日常と非日常の社会学にむけて」嶋根克己・藤村正之編『非日常を生み出す文化装置』北樹出版，2001 年，16-37 頁。

3) 嶋根克己「非日常を生み出す文化装置——日常と非日常の社会学にむけて」嶋根克己・藤村正之編『非日常を生み出す文化装置』2001 年，北樹出版，34 頁。

4) Luhmann, N., *Die Gesellschaft der Gesellschaft 1&2*, Frankfurt: Suhrkamp Verlag,1997.（馬場靖雄・赤堀三郎・菅原謙・高橋徹訳『社会の社会1&2』法政大学出版局，2009 年）

5) 鈴木謙介『カーニヴァル化する社会』講談社,2005 年。永井純一「なぜロックフェスティバルに集うのか」南田勝也・辻泉編『文化社会学の視座——のめりこむメディア文化とそこにある日常の文化』ミネルヴァ書房，2008 年，169-192 頁。

6) 佐藤尚之『明日の広告』アスキーメディアワークス．2008 年，——「コミュニケーションの未来予想図」『AD　STUDIES』公益財団法人吉田秀雄記念事業財団,2009 年，30: 27-31 頁。

7) 鶴見俊輔「大衆の時代」鶴見俊輔編『大衆の時代』平凡社,1969 年，18 頁。

8) Hodkinson, P., *Media, Culture and Society*, London : Sage Publications Ltd, 2011.

9) Prahalad, C.K.& Ramaswamy,V., *The Future of Competition: Co-Creating Unique Value with Customers*, Masssachusetts: Harvard business review press, 2004.（有賀裕子訳『コ・イノベーション経営——価値共創の未来に向けて』東洋経済新報社，2013 年）

10) 難波功士「広告とイベント」山本武利編『現代広告学を学ぶ人のために』世界思想社，1998 年，138-157 頁。Lehu, J, M., *Branded Entertainment,* London: Kogan Page Limited, 2007. Dennis, A, R. & Fuller, R. M. & Valacich, J. S., "Media Synchronicity and Media Choice: Choosing Media for Performance", Hartmann, T. ed., *Media Choice*, New York: Routledge, 2009.

11) 難波功士「広告とイベント」山本武利編『現代広告学を学ぶ人のために』世界思想社，1998 年，138-157 頁。Lehu,J,M., *Branded Entertainment*, London: Kogan Page Limited, 2007.

12) Lehu,J,M., *Branded Entertainment*, London: Kogan Page Limited, 2007.

13) 山田昌弘・柚川芳之『幸福の方程式——新しい消費のカタチを探る』ディスカバートゥエンティワン，2009 年。

14) Pine, J. B. & Gilmore, J.B., *The Experience Economy*, Boston: Harvard Business School Press,1999.（電通「経験経済」研究会訳『経験経済　エクスペリエンス・エコノミー』流通科学大学出版，2000 年）

15) Lush, R. F. & Stephen, L. V., *Service-Dominant Logic: Premises,Perspectives, Possibilities*, Cambridge: Cambridge University Press,2014.（井上崇通監訳『サー

ビス・ドミナント・ロジックの発想と応用』同文舘出版，2016年）

16) http://archive.aquafes.jp/.（2018年6月30日取得）

17) http://archive.aquafes.jp/.（2018年6月30日取得）

18) 飲食店を経営する高槻ジャズストリート実行委員北川潤一郎氏に2011年5月26日聞き取った。（以下インフォーマント1）

19) インフォーマント1

20) インフォーマント1

21) インフォーマント1

22) インフォーマント1

23) 1987年11月11日から3日間下町ライブ計画実行委員会と毎日新聞主催で行われた第2回下町シンポジウム「祭りのつくりかた」における送り手(広告代理店の営業)の「評価は即予算に直結し，売上げに影響する。（中略）クライアントが満足すれば，すべてが万事まるくおさまる」（田中ほか1988: 227）との発言や，2009年10月16日音楽CS放送局スペースシャワーTV関西事業所所長山中幹司氏への聞き取りにて，送り手としてのイベントの達成感について確認したところ，「営業サイドとしては，観客が満足することよりも正直な話どれだけチケットが売れるかが関心」との発言などからも，イベントの送り手としても営利企業である以上，売上を優先する側面があることが示されている。

24) インフォーマント1

25) 40代男性で，高槻駅近傍の映画館店主。2011年5月4日聞き取り実施。

26) 40代男性で自営業者。過去2回はオーディエンスとして参加。彼によれば，実行委員会は参加の頻度は問わないし，脱会も自由で，前年の冬あたりから毎週日曜日15時から2，3時間の会議が開かれる。2011年5月4日聞き取り実施。

27) 2015年5月3日に聞き取り実施。インフォーマントは地元市民30歳代男性で実行委員会の一員として運営側として参加。

28) 2014年11月6日にFMCOCOLO本社にて編成部長（当時）古賀正恭氏より聞き取り実施。（以下インフォーマント2）

29) インフォーマント2

30) インフォーマント2

31) インフォーマント1

32) インフォーマント2

33) 2014年11月6日にFMCOCOLO本社にて所属DJクリス氏より聞き取り実施。

第9章　BtoB企業におけるリレーションシップ

1.　BtoB とは何か

　本章では，リレーションシップを BtoB 領域のフレームで考察する。BtoB (Business to Business) は BtoC (Business to Consumer) に対する概念で，企業 (組織) 間におけるビジネスを扱い，B2B と表す場合もある。

　BtoC は消費財，すなわち一般消費者が日常生活で使用する飲料や洗剤，化粧品，衣料等を対象とすることから馴染み深い領域である。コンビニエンスストアやスーパーマーケット，ドラッグストア等で購入する商品は BtoC に分類される。

　一方 BtoB 領域に属する生産財や産業財は，企業の生産や業務活動に用いられ，企業から企業へというように組織間で取引される。製造業が使用する原材料や部品，生産設備や機器，業務用品，さらに保守・点検や情報システム構築といったソリューション，コンサルティング等のサービスが該当する。

　BtoB という用語が台頭してくるまでは，産業財マーケティングのように，「産業財」ないしは「生産財」という用語が一般的に用いられ，現在も「BtoB」の類似概念として扱われている。「産業財」や「生産財」は対象とする財による分類であり，BtoB は組織 (企業) 間のインタラクティブな関係性を対象とした分類である。その意味では厳密に捉えるならば BtoB の対象領域が最も広いのであるが，実質的には同義と解釈してよいだろう。本章で扱う用語は基本的に BtoB で統一する

　ここでは BtoB を「生産財や産業財を包含した一般消費財以外の財・サービスを対象とした企業や諸団体等の組織 (個人事業主を含む) 間のインタラクティ

ブな関係」と定義する。BtoB取引を中心とする企業をBtoB企業といい，三菱重工業や東レといった企業が該当する。またBtoBを取引に限定せず，BtoB企業と幅広いステークホルダー（企業の利害関係者）とのインタラクティブな活動領域全般を対象とする概念として扱う。

　マーケティングや広告に関する研究や論述において，生活者との接点が少ないBtoB領域の扱いは限定的であり，特に断りが無い限りBtoC領域を対象にしていると考えられる。しかしリレーションシップの観点に立てば，組織間取引では従来からインタラクティブな関係性が重視されており，BtoBとの親和性は高い。BtoBマーケティングはリレーションシップ・マーケティングのルーツの1つであるといわれる。

　本章ではリレーションシップを学ぶ上で，BtoCとの違いを意識しながらBtoB特有のアプローチを検討し，理論と実践の両面から確認する。最初にBtoB取引の特徴と顧客とのリレーションシップを確認した上で，ステークホルダー全体とのリレーションシップについて述べる。さらに社会とのリレーションシップ構築の必要性を指摘し，その事例をみていく。最後に従業員とのリレーションシップの重要性について提起を行う。

2.　BtoB領域の特徴

（1）BtoB取引の特徴

　高嶋と南によると，BtoB取引の特徴として，合目的性，継続性，相互依存性，組織性の4点が挙げられる[1]。それらを解説すると以下の通りとなる。

　合目的性とは，生産財の購入を意思決定する上で，利用目的の達成可能性を優先して判断するということである。そのために広告やブランドだけで製品やサービスを選択するのではなく，売り手企業の営業担当者等から情報を集めることが一般的である。

　継続性とは，過去に取引経験のある，あるいは現在取引中の企業が続けて取引相手として選ばれやすいということである。新規企業より知識が蓄積されて

いる，構築された信頼関係により効率的な取引が行える，顧客特定的な技術開発や設備投資により技術革新，品質向上，コストダウンという好循環が生まれる，といった経済的メリットにより，参入障壁が生じていることによる。売り手企業としては，顧客固有のニーズやスペック（仕様）に対応し，安定的な供給を実現する上で継続性は必要となる。

相互依存性は，部品や設備の共同開発や生産から納品までの一元管理を行う上での前提となる。需要に関わる情報と技術に関わる情報が相互にやりとりされ，それらの情報から製品の開発・生産やサービス活動が決定される。そのことによって製品開発のための技術供与や開発投資の援助を行ったり，生産管理や品質管理の手法を指導するなど，相互依存的な取引が行われる。

組織性には２つの面があり，ひとつは生産財の購買が，個人の意思決定で行われるのではなく，組織における共同意思決定として行われるという購買局面の組織性である。もうひとつは，営業担当者のみが販売活動を行うのではなく，開発部門や生産部門，顧客サービス部門などの担当者が協力して，組織的に顧客企業にアプローチするという販売局面の組織性である。

(2) BtoB 取引とリレーションシップ

「サービス財や生産財あるいは流通取引のマーケティングは，もともと二者間の直接的遭遇の状況が想定されているから，二者間の関係性の形成に重点を置く関係性マーケティングのフレームにおさまりやすいし，これまでのマーケティング実践においても実質的に関係性マーケティング・アプローチが無意識的に存在していた可能性は高い。」と和田が指摘するように [2]，リレーションシップは BtoB 取引にとって前提条件だといえる。

元来 BtoB は大量生産・大量消費を前提としていない。企業と特定少数の顧客との関係性構築に着目するリレーションシップの概念は，BtoB と BtoC の両者に適用可能だが，継続性や相互依存性という関係性をベースとする BtoB 取引においては，リレーションシップ概念が形成される以前から実務的には存在していたのである。リレーションシップ・マーケティングの類似概念である

ワン・トゥ・ワン・マーケティングやデータベース・マーケティングも同様であろう。

顧客との協働による優位性の構築など，BtoB マーケティングは効果的な関係性管理の上に成り立つものである[3]。技術や製品の共同開発など特定の主要顧客との強固な関係性は，競合企業に対する参入障壁となって競争優位を確立する。それ以外にも特定企業との継続的な取引が成立する理由として，デリバリーの保証や業務の高い信頼度，製品使用についての適切な助言，技術面でのノウハウの提供，柔軟な供給体制等が挙げられる[4]。

3. ステークホルダーとリレーションシップ

(1) ステークホルダーのマルチ化

企業は単独で存在しているわけではなく，顧客や取引先，株主，行政，地域社会，そして従業員などとの相互関係の上に活動を行っている。このように企業と利害関係を有する人々をステークホルダーというが，企業はこれらのステークホルダーと多様なリレーションシップを築いている。これまで BtoB 取引の特徴を解説する上で，顧客との関係性に重点を置いてきたが，重要なステークホルダーは顧客だけに限定されない。

企業間におけるビジネスが中心の BtoB 企業は，品質の高い製品を適正な価格で供給すれば安定的な経営が維持できるとして，過去にはステークホルダーを限定的に扱い，直接的な顧客中心に捉える傾向がみられた。顧客は特定少数であり，それに金融機関，さらに上場企業であれば株主を経営上重要なステークホルダーと位置付けてマネジマントをしてきた。

ところが近年は顧客や投資家のみならず，社員，行政，マスコミ，学生，さらに生活者全般を含めた企業を取り巻く全ての人々との良好な関係無くして，企業経営は円滑に進まないようになっている。ステークホルダーがマルチ化しているのである。

(2) 企業評価の多様化

　ステークホルダーのマルチ化は，企業評価の多様化と表裏一体の現象である。企業評価基準のパラダイム・シフトが起こり，売上や利益といった経済性に加え，環境保全活動やCSR経営という環境性や社会性の因子が新たに重要になってきている。

　高度成長期に公害が社会問題となり，環境問題への取り組みはそのまま企業の存続条件と認識されるようになった。企業は地域社会のみならず，マスコミを中心に形成される世論が，生活者全般によっても評価されるようになり，レピュテーション（評判や評価）を高める必要性に迫られた。

　さらにこれまでは株式持ち合いやコーポレート・ガバナンスの面で銀行等の金融機関や取引先への株保有依存度が大きかったが，持ち合いの解消や所有株の放出が進むようになった。BtoB企業も例外ではなく，個人投資家を意識せざるをえなくなったのである。そして社会的貢献度の高い企業に投資するSRI（Socially Responsible Investment：社会的責任投資）が2000年代に台頭し，社会的な適合性が高い企業ほど，将来にわたって成長し，存続性が高いと評価されるようになった。今日では環境（Environment），社会（Social），企業統治（Governance）の観点から投資先を評価するESG投資が注目を集めている。

　このように企業はステークホルダーと企業評価基準の両方向での多様化に対応しなければならず，以前は直接的な顧客を中心に向き合っていればよかったBtoB企業であっても，社会を含めた多様なステークホルダーとリレーションシップを築き，社会的適合性を高めていくことが重要な経営課題となっている。非財務情報と財務情報を一体化させて開示する統合報告書を制作するBtoB企業が増えているのも，マルチステークホルダーの情報ニーズに合致するとの判断によるものだと考えられる。

4. BtoB 企業と社会との関係

（1）顧客と社会のポジショニング

　BtoB 企業におけるステークホルダーのマルチ化について述べてきたが，不特定多数のステークホルダーの集合体として「社会」が存在する。人間が共同生活を営む上での単位や関係を意味する「社会」は多義的で，範囲や対象の取り方で概念は変わる。コミュニティや地域社会という場合は，工場等の事業所周辺というように限定的だが，ここでは単に社会といった場合，多数の生活者で構成される相互関係を持った集合体を指すものとする。

　一般消費財を扱う BtoC 企業からみると，ほぼ全てのステークホルダーが顧客と重複することから，顧客とは明確に区別した社会を対象とするステークホルダー・マネジメントの必要性にそれほど迫られない。広く社会に対して企業のイメージやレピュテーションを高めることは，結果的に商品の売上増加に結び付く。社会貢献活動によって企業好感度が高まれば消費者の商品選択の動機になるし，社会全体の利益に合致したソーシャル・マーケティングの一環だとみることもできる。

　一方 BtoB 企業はどうであろうか。BtoC 企業と比較すると顧客は限定的で少数であることから，社会との重複部分は小さく，顧客と社会は別のステークホルダーだと認識している。BtoB 企業は企業評価に占める社会性の高まりを受け，地域社会より広い範囲をカバーする「社会」を顧客とは明確に区別して，独立した重要なステークホルダーと位置付けるようになってきた。この点が BtoC と BtoB のステークホルダー・マネジメントの相違のひとつとして挙げられる。

（2）社会との関係性構築

　BtoB 企業が社会を重要なステークホルダーとしてリレーションシップを築くということは，具体的にどのようなことを意味するのだろうか。菅野はブラ

ンド価値の共創という切り口で次のように述べている[5]。

「企業によるブランド価値の提供は，優れたブランド・コンセプトや技術力によって可能となる。しかしながら，優れたブランド・コンセプトや技術力だけでは，ブランドの差別的優位性が保てない時代となっているのも事実である。それ故，ブランド価値共創によるブランド・リレーションシップの構築がブランド・マネジメントにおいて求められるようになる。」

今日ではBtoB企業でも，企業間競争のグローバル化や取引のソリューション化等とともに「ステークホルダーとの関係性の広がり」を要因としてブランディングが求められるようになってきている[6]。

企業側から社会に一方的に働きかけても関係性は構築されない。産業財を扱うBtoB企業が社会とインタラクティブにブランド価値の共創・共有を図っていくことは容易ではないが，そこでは事業の社会性が鍵となる。本来，企業の社会的価値は事業を通して発揮されるべきものであり，社会的活動もミッションに連動したものでなければ長期的な継続は難しい。製品や事業と乖離しては経営資源を活かしづらいし，直接的な受益者以外のステークホルダーの理解が得づらい。

コトラー＆リー（Kotler and Lee）は，企業の社会的責任を「企業が自主的に，自らの事業活動を通じて，または自らの資源を提供することで，地域社会をよりよいものにするために深く関与していくこと」と定義している[7]。これは，「企業が経済的価値を創造しながら，社会的ニーズに対応することで社会的価値も創造する」CSV（Creating Shared Value）のアプローチ[8]や，国連が採択し，世界が2030年までに達成すべき目標であるSDGs（Sustainable Development Goals：持続可能な開発目標）への企業の取り組みと共通する概念である。

社会的活動は事業活動と相反するものではなく，長期的には異なるステークホルダー間の利害も一致することになる。企業が元々もつ能力を活かすことで成功する確率が高まり，ビジネス面でも競争優位の確立につながるのである。

5. 関係性構築とコーポレート・コミュニケーション

（1）ステークホルダー別コミュニケーション

　ステークホルダーと良好な関係を築き，維持するステークホルダー・リレーションシップを実現する上で，積極的なコミュニケーション活動が欠かせない。コーネルセン（Cornelissen）はステークホルダーとの関係を強化する上で，コーポレート・コミュニケーションの重要性と，個別のステークホルダーとの関係の状況に応じて，コミュニケーション戦略と戦術を策定する意義を述べている[9]。

　表 9-1 は BtoB 企業の特質に応じたステークホルダー別のコーポレート・コミュニケーションの在り方をまとめたものである。ステークホルダーの中でも BtoC と比較してその違いが際立つのは顧客であり，次項以降では顧客とのコ

表 9-1　BtoB 企業の特質に対応したコーポレート・コミュニケーッション

BtoB 企業の特質 （BtoC 企業との違い）	ステーク ホルダー	ステークホルダー・マネジメント の在り方，特質	コーポレート・コミュニケーション の在り方，特質
取引の合目的性 継続性 相互依存性（関係性） 組織性	顧客	長期的な信頼関係の構築 ソリューションの提供 相互依存 パートナーシップ構築 組織横断的な関係性構築	スペック，ソリューション提示／人的（営業担当者）コミュニケーションの重視，展示会，カタログ，Web，ダイレクト・レスポンス広告，営業担当者サポートとしての広告
サプライチェーン・マネジメント重視	サプライヤー 流通業者	供給・流通業者の社会的・環境的適合性の確保	社会的・環境的適合性情報の受発信重視
社会と顧客の分離（社会における顧客の限定性）	社会	重要性認識 ステークホルダーとしての独立性確保 社会的・環境的適合性の確保	企業の社会的価値を強調した広告の重視，ソーシャルメディア，Web の活用
コーポレート・アイデンティティ，社会的価値の見えづらさ	従業員	企業・事業の社会的価値・位置付けの理解促進 グローバル・グループ全体のガバナンス	インターナル・コミュニケーションの実施（社内報，イントラネット，説明会） 従業員を意識した企業広告の実施
企業認知度・理解度の低さ	投資家	企業認知度の向上 社会的価値の理解促進	企業の認知度向上および社会的価値を伝達する広告等の実施
	入社対象者	若年層等，入社対象者向けの企業認知度向上	企業の認知度向上広告の実施

出所）山﨑方義「BtoB 企業のステークホルダー・マネジメントにおけるコーポレート・コミュニケーションの考察」『広報研究』第 18 号，日本広報学会，2014 年，81 頁の表を改訂。

ミュニケーションについて述べ，さらに社会との関係性構築を目指すコミュニケーション事例を取り上げる。

　ただし BtoB 企業の中でも，形態や業種は多様である。三菱電機やパナソニックのように BtoC 事業を併せもっている企業の認知度は高い。一方 BtoB 専業の場合，事業や製品によって企業名や社会的価値の認知や理解に差が生じる。建設機械や輸送機器のように，生活者が日常生活で目にする機会の多い完成品メーカーは生活者から企業価値が可視化できる一方で，完成品に組み込まれる部品や素材，あるいは生産設備のようにリレーション・ポイントを直接持たない企業は，その価値が評価されづらいと推察できる。BtoB 企業は可視型（Visible type）と不可視型（Invisible type）のパターンに大別され，後者が顧客以外のマルチステークホルダーに認識され，良好な関係を構築・維持するためには，前者以上のコミュニケーション努力を必要とするといえるだろう。

(2) 顧客とのコミュニケーション活動

　顧客と一口にいっても，BtoB の購買行動プロセスは複雑で，利用者と購買の意思決定者が異なるなど，ターゲティングは容易ではない。したがって引き合いの増加や販売促進を目的とするマーケティング・コミュニケーションは画一的な情報発信ではなく，営業による人的活動や展示会が中心となる。

　BtoB における広告は消費財と異なり，購買の意思決定に直接影響を与えることは少ない。業界紙誌や専門紙誌への出稿が中心となるが，主として営業活動への支援として作用し，潜在的な見込客を含め，購買に対する複数の意思決定関与者に事前に製品情報を提供したり，検索や問い合わせの対象に加えてもらうという効果を狙う。

　顧客が情報を求めて検索した結果，Web サイトに到達することを考慮すると，サイトの充実と共に検索エンジンで上位に表示するための SEO（Search Engine Optimization）対策や検索連動型のリスティング広告等の有効性が高い。

　購買パターンは一律ではなく，対象となる財やサービスによって変ってくる。工場の生産設備であれば，導入，稼働までに多くの検討がなされ，工場の設備

担当者のみならず，工場幹部や本社の審議部門，経営層まで多くの関与者が存在する。多様なリレーションシップが生じることから，技術サービス部門と連携した継続的な営業活動が大きな位置付けを占める。一方，設備より小規模の機器やシステムでは実際のユーザーが意思決定に関わる要素が大きい。広告やWeb 検索，展示会等で一定の製品情報を獲得した上で引き合いや商談に進む場合が多い。

　同じ BtoB であっても，工具，ボルトなどの部品や業務用の事務用品，消耗品のように，個別の顧客に対応していない汎用品ではまた取引形態が異なる。購買担当者の裁量により再購買が繰り返されることから，価格や納期，納入ロットの柔軟性等による競争優位を訴えるツールによって取引先のスイッチが起こりえる。このような場合は Web サイトが力を発揮するが，その発展型としてネット上で製品選択，発注（受注），決済までが行われる e コマース（電子商取引）が取引形態としてある。

(3) 社会との関係性構築型コミュニケーション　―日本精工（NSK）の事例―

　ここでは日本精工株式会社とそのグループ（以下 NSK）が，直接的な顧客以外にもさまざまなステークホルダーを重視し，関係性構築を目指す活動事例の一部を紹介する[10]。

　NSK は，1916 年に日本で最初のベアリング（軸受）メーカーとして設立されて以来，100 余年にわたって自動車や産業機械にベアリングや部品を提供することで，社会の発展に貢献してきた。ベアリングは自動車や鉄道をはじめ，洗濯機や掃除機，エアコンなどの家電製品やパソコン，プリンターなど，極めて身近なところに使用されている。それにも関わらず生活者から認識されることがないのは，直接目にする機会が無いからである。BtoB 企業は事業によって可視型と不可視型に分けられると述べたが，NSK は不可視型に分類され，高い社会的価値を持つにも関わらず，その理解を得ることの難易度は高い。

　NSK ではステークホルダーを「お客様」「サプライヤー」「株主・投資家」「従業員」「地域社会」「次世代」と大きく 6 つのグループで捉えている。特徴的な

のは「次世代」で，未来を担う子どもや学生を重視し，独立してカテゴライズしているのは他社には見られない点である。これは豊かな環境と安定した社会を次代に引き継ぎ，持続可能な社会を実現するには，次世代の成長を支援することが不可欠との判断による。それとも関連して，NSKでは社会貢献活動の重点分野を「科学技術の振興」「次世代の育成」「地域との共存共栄」に定めて注力している。ステークホルダーと直接接点を持つ活動は，そのものが強力なコミュニケーション活動でもあるが，NSKの取り組みも例外ではない。

　次世代に対する活動例として，科学技術館（東京都千代田区）での展示ブース「ベアリング・ラボ」がある。これは「摩擦とベアリングを直感的に知ってもらう」というテーマのもと，来場者が「見て・触って・体験できる」内容となっている。さらに次代を担う子どもたちが科学に興味を持つきっかけとなるような体験型プログラムを多数用意し，さまざまな教育・経験の機会を提供している。上記の科学技術館で小学生を対象とした科学教室を10年以上継続しているほか，社員の家族の小・中学生を工場に招待して実験教室や工場見学を行う親子工場見学会，近隣の中学校を対象とする出張授業や職場体験学習などがある。これらは「次世代」に留まらず，ステークホルダーである「地域社会」とのリレーションシップ構築でもある。また製造業にとって生命線ともいえる科学技術の発達にも直結している。まさに上述した同社の社会貢献活動の3重点分野を網羅した取り組みなのである。

写真9-1　科学技術館で開催している科学教室

出所）日本精工株式会社提供。

　さらにNSKでは地域という枠を超えた社会貢献ならびにコミュニケーション活動も展開している。ここでも次世代というステークホルダーを強く意識しており，2016年の創立100周年事業の一環として実施し

た事例を2点取り上げたい。

1点目は，学習まんが「学研・ベアリングのひみつ」制作への全面協力である。これはベアリングが機械の摩擦を減らし，人々の生活に不可欠なものであることや，ベアリングの歴史・技術・役割などについて，わかりやすく伝えている。2016年に日本全国の小学校約23,000校および公立図書館約3200館に寄贈したほか，広く配布・活用している。

2点目は2017年の「NSK奨学財団」の設立である。紛争や飢餓，気候変動対策や自然保護など，世界を取り巻くさまざまな課題解決に資する高度な次世代人材の育成を支援することが設立趣旨である。日本の大学生・大学院生を対象にした海外留学支援と，アジア地域の学生の留学支援のための奨学金制度があり，次世代リーダーの育成をグローバルに図ろうとするものである。

写真9-2　2017年度のNSK奨学財団の奨学生
（アジアの学生）

出所）日本精工株式会社提供。

ここで述べてきたNSKの諸活動は，経営資源を有効に活用しながらも一方的に展開するのではなく，地域社会や参加者，対象者との協働によって価値共創が実現されている点が特筆に値する。さらにCSRレポート等で情報を発信すると同時に，Facebook等のソーシャルメディアを活用してリレーションシップ・ポイントを拡大し，マルチステークホルダーとのインタラクティブなコミュニケーションによる価値の共創と共有を図っているといえよう。

6.　従業員とのリレーションシップの重要性

これまでBtoB領域のリレーションシップの概要について述べてきたが，最後に従業員とのリレーションシップの重要性を提起して締めくくりとしたい。

第9章　BtoB 企業におけるリレーションシップ　*129*

　近年の経営環境の変化として，事業再編や M&A による経営・事業統合，グループ経営の強化，事業のグローバル化，ダイバーシティ＆インクルージョンの推進等が挙げられる。BtoC 企業に対する BtoB 企業の特質は，コーポレート・アイデンティティや社会的価値，ベクトル等が社内からもみえづらい点であり，上述の環境変化の中にあって，これを明確に示す必要がある。

　例えば食品や飲料を製造・販売している企業の従業員は，自分たちの業務と社会的価値との結びつきを理解することは比較的容易である。しかし NSK のような部品を製造している企業の従業員は，部品を組み込んだ完成品を製造するセットメーカーの手を経て初めて自社製品の価値が可視化できるのであり，業務の成果が一般生活者の目に触れないという特質がある。

　したがって BtoB 企業では，BtoC 企業にもまして企業理念や価値観を明確に示して共有し，それと個々の業務とをつなぐストーリーづくりをコミュニケーション活動で行う必要がある。それに加えてトップの考え方と方針を徹底する上でインターナル・コミュニケーションの果たす役割は大きい[11]。企業文化や経営理念面から，グローバル規模で従業員とのリレーションシップの再構築が求められている。

　BtoB 領域全体の事業規模は非常に大きく，BtoC 事業は BtoB 事業によって支えられているといえる。一般的に接触機会が少ないことから理解することに困難さが伴うが，BtoB マーケティングにおいて顧客との関係管理に着目して発展してきたのがリレーションシップ・マーケティング等の枠組だといえる[12]。その点からもリレーションシップ・マーケティングを学ぶ上で BtoB 領域のリレーションシップに対する理解を深めることは非常に意義深いといえよう。

注
1)　高嶋克義・南知惠子『生産財マーケティング』有斐閣，2006 年，5-10 頁。
2)　和田光夫『関係性マーケティングの構図』有斐閣，1998 年，99-100 頁。
3)　Hutt, M. D. and Speh, T. W., *Business Marketing Management : A Strategic View of Industrial and Organizational Markets*, South-Western, 2004.（笠原英一訳『産業財マーケティング・マネジメント』白桃書房，2009 年，134 頁）。
4)　Ford, F. and IMP Group, *Managing Business Relationships*, John Wiley &

Sons Ltd., 1998.（小宮路雅博訳『リレーションシップ・マネジメント　－ビジネス・マーケットにおける関係性管理と戦略－』白桃書房，2001 年，67-68 頁）。

5)　菅野佐織「ブランド・リレーションシップの構築」青木幸弘編著『価値共創時代のブランド戦略―脱コモディティ化への挑戦』ミネルヴァ書房，2011 年，211-212 頁。

6)　余田拓郎・首藤明敏編『B2B ブランディング』日本経済新聞社，2006 年，19-27 頁。

7)　Kotler, P. and Lee, N., *Corporate Social Responsibility : Doing the Most Good for Your Company and Your Case*, John Wiley & Sons, Inc., 2005.（恩藏直人監訳『社会的責任のマーケティング』ダイヤモンド社，2007 年，4 頁）。

8)　Porter, M.E. and Kramer, M.R., "Strategy and Society: Creating Shared Value: Redefining Capitalism and the Role of the Corporation in Society", *Harvard Business Review*, Jan.-Feb., 2011.（ハーバードビジネスレビュー日本語版，2011 年 6 月号，8-31 頁）。

9)　Cornelissen, J., *Corporate Communication: A Guide to Theory and Practice (second edition)*, Sage, 2008, pp.54-57.

10)　『NSK レポート 2017』（日本精工株式会社，2017 年），『NSK CSR レポート 2017』（日本精工株式会社，2017 年），『日本精工ホームページ』<http://www.nsk.com/jp>（最終アクセス 2018 年 6 月 7 日）等を参考にした。

11)　山﨑方義「BtoB コミュニケーションの座標軸」『産業広告』第 42 巻第 7 号，日本産業広告協会，2010 年，4 頁。

12)　余田拓郎『カスタマー・リレーションの戦略論－産業財マーケティング再考－』白桃書房，2000 年，3-7 頁。

第 10 章　国際異文化間のリレーションシップ

1.　国境や文化圏を超えて

　リレーションシップ・マーケティングの前提となるのは，ステークホルダーとの長期継続的な関係であり，その構築にはコミュニケーションが欠かせない。しかしながら，国境や文化圏を超えて自分たちの思いや意図を正確に伝えようとすると，その挑戦はより厳しさを増す。そこには言語だけでなく，文化や風習の差といった普段はあまり気に留めることもない違いも存在する。本章では，株式会社ツムラの事例を見ながら，国境を超えた国際異文化間のリレーションシップ構築について考えたい。

2.　株式会社ツムラの事例

(1) 株式会社ツムラの概要

　株式会社ツムラ（以後，ツムラとする）は東京都港区に本社を置く医薬品メーカーである。1893 年に創業し，1974 年には医療用漢方製剤の販売を開始，1976 年より薬価基準に収監された。2018 年 3 月期の売上は単体で約 1,162 億円，連結で約 1,178 億円にのぼる。医療用漢方製剤全体の市場は，2018 年時点において薬価ベースで 1,509 億円であり，ツムラはこのうち 83.9%（2018 年 3 月末時点）のシェアを占めている[1]。

　ツムラは国内外から漢方製剤の原料となる生薬を調達しており，日本のグループ会社としては，北海道での生産，加工拠点である株式会社夕張ツムラ，国内の物流の要である株式会社ロジテムツムラがあり，海外のグループ会社と

しては，深セン津村薬業有限公司，上海津村製薬有限公司，LAO TSUMURA CO, LTD. TSUMURA USA, INC. がある。

深セン津村薬業有限公司は原料生薬の調達・集積を行う中国の拠点であり，中国産原料生薬の調達，選別加工，品質管理，保管を行う。上海津村製薬有限公司は医療用漢方製剤の中間製品であるエキス粉末の生産を行っており，TSUMURA USA, INC は米国での医薬品開発などを行っている。そして，2010年に設立されたLAO TSUMURA CO,LTD（以後，ラオ・ツムラとする）ではラオスにおける原料生薬の栽培と生薬調製加工を行っている。自社管理圃場で大規模に栽培することにより，トレーサビリティー体制の更なる強化を図っている[2]。

(2) 生薬の調達とリレーションシップ

ツムラは日本，中国，ラオスの3拠点で生薬の生産から加工まで一貫した品質管理を行っている。元来，漢方薬とは，複数の生薬を組み合わせた医薬品であり，原料となる生薬の出来不出来は製品の品質を大きく左右する。加えて，使用する生薬のほとんどは植物性である[3]。植物の場合，同じ基原種であっても，栽培地や栽培方法，収穫時期などによって，成分が変動する。また，年によって収穫量に変動がある。これらの状況に対応し，安定して漢方製剤を供給するには各国拠点や産地の農家とのリレーションシップ構築と，それによるトレーサビリティー（生産履歴管理）[4]体制の強化が必要不可欠である。特にツム

写真10-1　葛根湯の原料生薬（実際は刻んで使用する）

提供：株式会社ツムラ

ラは原料生薬の約 85% を日本国外から調達しており，国境を超えたリレーショ
ンシップ構築が品質管理の要となる。

(3) 中国でのリレーションシップ構築

　ツムラの扱う原料生薬のうち，約 80% が中国から調達される。ツムラと中国
との関係は 1905 年まで遡る。ツムラの初代社長は，同年，中国での現地法人の
設立に参加した。中国での書籍の出版や，日本の医薬品の販路開拓が事業の目
的であったが，第 2 次世界大戦により，中国での基盤を全て失ってしまった[5]。
　再びツムラが中国市場との本格的なリレーションシップ構築に乗り出すの
は，1976 年に漢方製剤が医療保険の適用薬となってからである。ツムラは原
料生薬の安定的な供給のため，中国当局と数年にわたり交渉を繰り返した[6]。
この時交渉役となったツムラの 2 代目会長津村重舎は，交渉が円滑に進むよう
「藤山親書」を携行していた。「藤山親書」とは，元外相である，藤山愛一郎か
らの中国当局者に当てた親書である。彼は日中国交回復の立役者でもあり，当
時の中国要人とのつながりも深かった。津村親子は藤山親子と 2 代にわたって
親交を結んでおり，その人脈が交渉にも生かされた。数年にわたる粘り強い交
渉の結果，1981 年には中国政府衛生局の中医科学院と「日中共同合作研究覚
書書」に調印し，以後共同研究を進めていった[7]。その後 1984 年に中国医薬
保健品股份有限公司（現 中国医薬健康産業股份有限公司）との原料生薬直接取引
を開始した。1991 年には合弁企業（現連結子会社）である深セン津村薬業有限
公司が設立され，生薬の調達加工だけではなく，生産地情報の収集，産地指導
などにより，中国産原料生薬のトレーサビリティー体制の基地になっている[8]。
2001 年には日本と同等の設備を有する中国の拠点として上海に合弁企業が設
立されるなど，漢方薬製造のための設備が整った。
　2008 年 5 月，ツムラは，栽培方法や使用農薬などをデータベース化するた
め，育成歴の詳細な記録を求める用紙 3 枚を，中国の生薬栽培農家約 2 万軒に
配付した。これを回収することで，トレーサビリティーを強化しようとしたが，
回収率や記録の精度，ツムラとの意識の差に苦戦した[9]。

現在では，中国国内で栽培されるツムラの生薬は，生産農家から代表者，産地会社（サプライヤー）を経て深セン津村へと集められる。そのため，中国の生薬生産農家の管理は，産地会社から代表者を通じて教育指導が行われており，どこの生薬生産農家から生薬を購入したかについては，すべて産地会社を通して特定可能である[10]。また，2018 年には中国保険大手の中国平安保険グループと合弁会社を設立した。これまで原料生薬を調達してきた中国における国民の健康への貢献と生薬の安定確保を目指し，中国における漢方薬である中薬のナンバーワンブランドを目指すと表明している。

（4）ラオスでのリレーションシップ構築

ツムラは生薬の価格安定と品質保証の強化のため，自社管理圃場[11]の拡大にも力を入れてきた。ラオスでは 2010 年に 100% 子会社であるラオ・ツムラを設立し，700 ヘクタールを超える広大な自社農場で大規模に生薬栽培している。ツムラでは，自社管理圃場で原料生薬の栽培から生薬調製加工までを一貫して手がけることで，さらなるトレーサビリティー体制の強化を図っている。

また，ラオスでの事業は，ラオス政府が推進する，2+3 政策（ラオスが土地と労働力を提供し，外資が資本，技術，市場を提供する政策）に合致しており，現地での雇用創出や社会経済基盤の整備につながるなど，現地の地域経済の発展に貢献している。加えて，日本政府が促進する開発途上国における経済成長を加速化するための新たな官民連携促進策である「成長加速化のための官民パートナーシップ」の官民連携案件にも認められており，ラオスでのツムラの取り組みは国際協力の新たな形として注目されている。

加えて，本業である生薬の栽培，加工のみならず，地元自治体の要請に応えて，配電網などのインフラを整備したり，ラオ・ツムラに隣接する土地に中学校を建設したりと，地元地域との関わりを深めている[12]。

これらの社会貢献活動は，地域住民から好意的に受け入れられるだけではなく，ツムラの事業がよりやりやすくなるといった好循環を生んでいる[13]。

第 10 章　国際異文化間のリレーションシップ　*135*

(5) 日本でのリレーションシップ構築

　ツムラは原料生薬のうち約 15％を日本国内で生産している。漢方製剤の需要増加に伴い，中国だけでなく，国内での生産を支援する動きも強めている [14]。なかでも北海道の主な栽培拠点となるのが子会社である夕張ツムラである。2009年の設立以降，農業者団体を協働し，生薬生産を通じた 6 次産業化の推進を行っている [15]。夕張市は 2007 年 3 月に財政再建団体（現在の財政再生団体）に認定され，今なお赤字の解消に向けた取り組みが進められている。そのような状況下での夕張ツムラの設立は地元での新たな雇用の受け皿として，自治体からも歓迎された [16]。ツムラは，夕張の他にも，国内に 5 つの栽培拠点で契約栽培を行っている [17]。

　また，日本でのツムラのステークホルダーはサプライヤーだけではない。ツムラは日本における医療用漢方薬市場を作り上げてきたメーカーであり，その活動の中には医療関係者とのリレーションシップ構築があった。薬の処方をする医師や医学生に対しては，医学部のカリキュラムに漢方医学教育が組み込まれると同時に，各大学に漢方医学を学ぶ講座の開設を働きかけるなど，医科大学・医学部への漢方医学教育の支援を行い，研修医に対しても漢方教育の場を提供している [18]。

　加えて，ツムラは学生時代に漢方医学を学ぶ機会のなかった医師を対象として漢方医学を段階的に学ぶ場として「入門セミナー」「フォローアップセミナー」「ステップアップセミナー」を開催している。これらのセミナーは，2016 年3 月末までに，入門セミナーには約 48,000 名。フォローアップセミナーには約 3,500 名，ステップアップセミナーには約 22,000 名の医師が参加しており，漢方薬普及のための活動として機能している [19]。

　医師だけではなく，他の医療関係者に向けて，看護系・薬学系の学会でも薬剤師・看護師のための「漢方医学セミナー」を開催するなど，継続的な情報提供活動を行っている。

　また，普及だけでなく，漢方薬の効能を科学的に解明する「育薬」に取り組み，西洋薬で難渋している疾患で医療用漢方製剤が特異的に効果を発揮する疾

患に的を絞り、エビデンスを確立させる取り組みにも力を入れている[20]。

（6）事例のまとめ

　本節では，ツムラの中国，ラオス，日本におけるステークホルダーとのリレーションシップ構築を概観した。ツムラはサプライヤーのみならず，契約農家，地域住民，政府関係者，医師，医療関係者，地方自治体など，多彩なステークホルダーとさまざまな方法でコミュニケーションをとりながら長期安定的な関係性を築くことで，漢方の原料となる生薬を安定的に調達し，自社のトレーサビリティー体制の強化をはかってきた。それと同時に，日本における医療用漢方薬製剤市場を切り開いてきた。

3.　異文化間でのリレーションシップ構築

（1）リレーションシップ構築と文化

　リレーションシップ・マーケティングでは，従来の一回限りの交換を前提としたマーケティングとは異なり，取引の前提として，企業は顧客やステークホルダーとの長期安定的なリレーションシップを構築し維持する必要がある。

　前節では，国境や文化を超えたリレーションシップ構築の実例として，ツムラの事例を紹介した。もちろんツムラも最終消費者に対する情報提供や，製品パッケージの改良といった顧客との価値共創を行ってきたが[21]，企業が長期安定的なリレーションシップを築くべきステークホルダーは何も顧客だけではない。サプライヤー（原材料の供給者），地域社会，行政，従業員など企業を取り巻く全ての人と良好なリレーションシップを築くことで，企業の活動は円滑になる。

　そしてこの良好なリレーションシップ構築には，効果的なコミュニケーションが必要になるのだが，文化や国境を越えると，その難易度は一気に跳ね上がる。

　そもそも，文化とは一体何だろうか？文化人類学者のラルフ・リントンは，文化を以下のように定義づけている。

　「文化とは学習された行動の集合体であり，その構成要素がある社会の

メンバーによって，共有され，伝承された結果である」[22]。

　つまり，文化とはある集団が共通して持っている考え方，価値基準，習慣，行動パターンなどの総称なのである。ここでのポイントは"学習"と"共有""継承"である。文化とは，特定の社会の中で学習を通じて共有，継承される行動様式であり，決して人が生まれ持ったものではない。

　文化を構成する主な要素には，①言語，②社会制度，③物質的生産，④象徴的生産があるとされている[23]。

　①の言語について，生まれ育った時に学んだ言語がその人の世界観や社会的行動を規定し，その言語を話す人がどのように外部世界を認識し，解決していくかに関連している。英語は結果重視，日本語はプロセス重視というように，その文化に属する人々の思考様式にまで影響を与えることも少なくない。②の社会制度には，血縁の捉え方や人間関係の作り方に関わる行動様式が含まれている。例えば，アジア圏では子供が親の老後の面倒を見ることが当然だと考える価値観が存在する一方で，北欧諸国では多くの人が親と自分は独立した人間であり，互いに自立すべきだと考える人が多い。③の物質的生産は例えば，同じ家具に関してでも新しいものを持つのが良いこととされたり，先祖代々受け継いできたものに価値があると考えられたりするように，製品やサービス，有形財への態度を含んでいる。④の象徴的生産は宗教的なものだけではなく，例えば，中華圏では数字の8を縁起の良い数字と考えて重用する，西洋では数字の13を縁起の悪いものとして避ける傾向があるなど，色や形に対するイメージといった要素をも含んでいる。

　文化を超えてコミュニケーションをとり，リレーションシップ構築をしようとする場合，気をつけなければならないのが自己参照判断基準（Self-Reference Criterion）と自民族中心主義（ethnocentrism）である。

(2) 自己参照判断基準（Self-Reference Criterion）と自民族中心主義 (ethnocentrism)

　自己参照判断基準とは，「ビジネス上の状況認識にあたって，自分自身の文

化的経験や価値観に無意識に頼ってしまう傾向」[24] のことである。ビジネスに限らず，自国の文化の中で私たちは普段無意識に日常生活を送っている。そのため何か問題に直面したとき，自分がそれまで培って来た価値観に基づいて判断を行う。言葉を変えると，「自分にとって当たり前のことが，他の国や文化圏の人にとっては当たり前ではない」という一見単純な事実をつい忘れてしまうのである。

　しかしながら，特にビジネスにおいて，他の文化圏ではその判断が必ずしも正しいとは限らない。例えば，白い色は米国では純真を表すが，中国では死のイメージがつきまとうなど，同じものでも文化によって大きく意味が異なることも決して珍しくはない。

　ほかにも，日本では，私たちは赤い包装紙で包まれたキャンディーを見かけたら，おそらく中身はイチゴ味なのだろうと想像する。しかしながら，全く同じものをアフリカで売り出したら，アフリカの人々はそのキャンディーを見てもイチゴ味だとは思わないだろう。アフリカでは，赤色の包装紙で包まれているキャンディーはミント味の可能性が高い[25] からである。

　上記の例のように，自己参照判断基準による意思決定は，文化的な差異を見逃してしまったり，他文化に対する感受性の欠如につながってしまう。しかしながら，自己参照判断基準は，無意識の行動様式であるとも言われており，文化的な差異を念頭に置き，いくつかの手順を経ることで克服される。この自己参照判断基準という概念を提唱した人類学者のリーは，それを克服するための方法を提示し，そのアプローチを文化分析システムと名付けた[26]。具体的な手順は以下の通りである[27]。

1. 自国の文化的な特性，習慣，行動規範に従って問題点や目標を明確にする。
2. 相手先の国の文化的な特性，習慣，行動規範に従って問題点や目標を明確にする。
3. 問題に対する自己参照判断基準のバイアスを排除し，それが意思決定をどの程度複雑にするかを見極める。

4. 自己参照判断基準のバイアスを排除して，問題を再定義し最適な解決法を見つける。

前節で登場したツムラの場合，2009 年当時，中国での生薬の品質管理には度々頭を悩ませてきた。農家の意識ひとつ取っても，ツムラの当たり前は彼らに取って当たり前ではない。ツムラにとって，生薬は薬の原料であるだけでなく，その品質を大きく左右する非常に大切なものである。しかしながら，漢方医学自体は日本で発展したため[28)]，中国にそもそも"漢方薬"の概念はない。そのため，農家の人々にとっては，生薬は単なる農産物であり，薬の原料を作っているという意識は低かった[29)] という。

ここでツムラが「薬を作っているのだから，手順書に書かれている通りの徹底した生産管理が自発的にできているはずである」というように自己参照判断基準による意思決定を行うと，中国側の生産農家とうまく意思疎通が図れなくなったり，高品質な生薬を安定的に調達できなくなっていた可能性もある。

ツムラはこのとき，育成歴の現状把握のため，栽培方法や使用農薬などについて詳細な記録を求める用紙を配布したり，定期的に監査を行ったり，取りまとめとなる代表者を設置したりと日本国内とは違った形で品質管理を図っている。

自己参照判断基準はエスノセントリズムと結びついているという指摘もある[30)]。社会学者のサムナー（Sumner）はこのエスノセントリズムを，「自分たちが所属する集団こそがあらゆる物事における中心であると考え，その他のすべてのことを，自分たちの集団に照らし合わせて判断したり，評価したりする物の見方[31)]」と定義している。

自民族中心主義，自文化中心主義とも言われ，自分の生まれ育った文化やそこで培われた行動様式こそが正しいものであり，対象が自分たちの価値基準に似ていれば正しい，似ていなければ劣っている・間違っているという判断をしてしまう傾向のことである。

サムナーは，どんな文化集団でも，自分たちが属する以外の文化を低く評価

したり，否定的な判断をする傾向があると指摘している[32]。

　自己参照判断基準が無意識に自分自身の文化的経験や価値観に頼ってしまう傾向であるならば，その根底には自文化が他の文化に比べて優れているという思い込みがあるのかもしれない。エスノセントリズムは，度がすぎると，自分の属する文化（内集団）への贔屓や他の文化（外集団）への偏見や差別的行動を助長することもあり，円滑なリレーションシップ構築を阻害する。

4.　異文化尊重とコミュニケーション

　本章ではツムラの事例を取り上げながら，国境や文化圏を超えたリレーションシップ構築とそのためのコミュニケーションについて，一端を紹介してきた。国境や文化圏を超えて，企業がステークホルダーと良好で安定した関係を築くためには，自己参照判断基準による間違った意思決定や自民族中心主義からくる偏見に十分に注意を払う必要がある。

　国際異文化間のコミュニケーションは，相手の国の言葉が話せたり，共通となる言語があったりすれば全てが解決するほど単純な話ではない。たとえ言葉が話せるようになったとしても，個人の価値観や物の考え方までは変わらないからだ。例えば，日本人と中国人とラオス人が集まって英語でコミュニケーションを取れたとしても，それぞれの思考様式は自分が生まれ育った時に学習した言語や文化に根ざしたもののままである。自分にとっての当たり前は決して相手にとっての当たり前ではない。だからこそ，文化的な差異を常に念頭に置き，いかなる時も相手の文化を理解し，自分の価値観と違っても，それを尊重する姿勢が必要不可欠である。

注
1)　株式会社ツムラ HP　会社概要
　http://www.tsumura.co.jp/corporate/profile/
2)　株式会社ツムラ HP ツムラグループ会社
　http://www.tsumura.co.jp/corporate/group/
3)　株式会社ツムラ HP 品質について

第 10 章　国際異文化間のリレーションシップ　*141*

　　http://www.tsumura.co.jp/quality/control/

4)　トレーサビリティーとは，問題が発生した時に　全履歴情報の追跡・遡及ができる
　　仕組みのことである。http://www.tsumura.co.jp/corporate/pdf/20161227_trace-
　　ability.pdf

5)　ツムラ『株式会社ツムラ創業 100 年史：総合健康産業を目指す，その軌跡と道標』
　　1993 年，164 頁。

6)　津村重舎『漢方の花 - 順天堂実記』津村順天堂，1982 年，60-62 頁。

7)　津村重舎『漢方の花 - 順天堂実記』津村順天堂，1982 年，22 頁。

8)　株式会社ツムラ HP ツムラグループ会社
　　http://www.tsumura.co.jp/corporate/group/

9)　東洋経済 online 漢方薬のトレーサビリティ確立に挑む，ツムラが対峙する中国産
　　生薬の安全 https://toyokeizai.net/articles/-/3073?page=3　2009 年

10)　株式会社ツムラ HP 品質について
http://www.tsumura.co.jp/quality/control/

11)　自社管理圃場とは，ツムラが直接的に栽培指導をすることができ，栽培にかかるコ
　　ストの把握と原料生薬の購入価格設定が可能な圃場のことである。
　　ツムラグループ　コーポレートレポート 2016

12)　http://www.tsumura.co.jp/corporate/csr/report/ebook/2016/pageindices/in-
　　dex54.html

13)　渡邊義春「安心・安全と Win-Win を突き詰めラオスに至る ―生薬の生産を通じ
　　て追い求める CSR 」『グローバル経営』　2013 年 6 月号，27 頁。

14)　日本経済新聞 2014 年 3 月 7 日朝刊。

15)　株式会社夕張ツムラ HP　夕張ツムラの取組 / 作物の栽培について
　　http://www.yubari-tsumura.co.jp/csr/02/index.html

16)　「夕張ツムラは地域再生も」薬事日報，2010 年 11 月 26 日。
　　https://www.yakuji.co.jp/entry21262.html

17)　株式会社ツムラ HP 原料生薬調達・栽培について
　　http://www.tsumura.co.jp/quality/control/

18)　ツムラコーポレートレポート 2015

19)　ツムラコーポレートレポート 2015
　　http://www.tsumura.co.jp/corporate/csr/report/ebook/2015/pageindices/in-
　　dex54.html p54

20)　ツムラコーポレートレポート 2015
　　http://www.tsumura.co.jp/corporate/csr/report/ebook/2015/pageindices/in-
　　dex54.htmlp.55

21)　株式会社ツムラ HP お客様の声を形に
　　https://www.tsumura.co.jp/qa/voice/

22)ラルフ・リントン，邦訳，清水幾太郎・犬養康彦訳『文化人類学入門』創元社，1952 年。

23) Usunier, J. C. and Lee, J. A., *Marketing Across Cultures*, 5th Edition, Prentice

Hall.(ウズニエ, J. C., リー, J. A.(2011) 小川 孔輔・本間 大一 訳『異文化適応のマーケティング』ピアソン桐原, 2011年, 6-7頁)。

24) 小田部正明・クリステン・ヘルセン著, 邦訳, 栗木契監訳『国際マーケティング』碩学舎, 2010年, 91頁。

25) Gzinkota, M.,R. and I. A. Rokainen, *International marketing,* Hinsdale IL,1990.

26) Lee, J.A., "Cultural analysis in overseas operations," *Harvard Business Review,*44 (3), 1964, pp.106-114.

27) Lee, J.A., "Cultural analysis in overseas operations," *Harvard Business Review,*44 (3), 1964,pp.110 より筆者訳(原文では自国, 相手国ではなく, 米国と外国。)。

28) 株式会社ツムラ HP 漢方の歴史
http://www.tsumura.co.jp/kampo/history/

29) 東洋経済 online 漢方薬のトレーサビリティ確立に挑む, ツムラが対峙する中国産生薬の安全 https://toyokeizai.net/articles/-/3073?page=30　2009年

30) Usunier, J. C. and Lee, J. A., *Marketing Across Cultures,* 5th Edition, Prentice Hall.(ウズニエ,J. C., リー, J. A. 著, 小川孔輔・本間大一 訳『異文化適応のマーケティング』ピアソン桐原, 2011年)。

31) 初出は Sumner W.G., *Sumner Folkways: A Study of Mores, Manners, Customs and Morals* 1906であるが, 今回使用した定義は kindol 版 p.15 である。

32) Sumner W.G., *Folkways: A Study of Mores, Manners, Customs and Morals* kindol 版

第11章　ライフスタイル消費とリレーションシップ

1．マーケティングにおけるライフスタイル視点の重要性

　現在，「ライススタイル」という言葉は一般的な言葉となった。例えばそれは，「ライフスタイル雑誌」等のジャンルを意味することや，あるいはさらに広く，自分自身の生活を指す言葉としても使用されている。

　これほどライフスタイルという用語が一般化した背景には，市場の成熟化に伴い消費と生活の関係が一変したこと，つまり「消費者」から「生活者」へ変容したことがある。経済学で議論されているように，消費者とは「企業の供給する製品・サービスの最終的な使用者」，つまり「ある単一商品に対する最小規模の市場」であり，供給主体である企業からの刺激に受動的で依存的な消費単位と位置づけられてきた。一方「生活者」は，多数の商品（生活資源）を自らの生活目標と生活設計に従って意図的に相互関連させ，組み合わせて，能動的・主体的にひとつのライフスタイルを形成・演出する消費単位と位置づけられる[1]。

　つまり「生活者」とは，受動的な「消費者」とは異なり，「主体性を持ち，企業に対して能動的にアプローチし，自ら『市場』を選択する人々」[2]と定義することができる（表11-1）。この消費者から生活者への変化という市場潮流に伴い，実務のマーケティングの現場においても，そのマネジメントの変更が求められるようになった。消費の多様化・個人化，需要の飽和，製品・サービスのコモディティ化などの市場環境に対応するため，近年改めて注目されている概念こそ，ライフスタイル概念であり，そしてそれを基点としたリレーションシップ・マーケティングが重要視されるようになっている。

144

表11-1　消費者と生活者の違いとマーケティングアプローチの変化[3]

		消費者	生活者
消費者と生活者の違い	基本概念	単一製品・サービスの消費単位	生活や文化の生産単位
	ライフスタイル傾向	「生活基盤形成」重視	「生活の豊かさ演出」重視
	消費傾向	画一的（同調的）	個性的・多様的
	コミュニケーション傾向	受動的	主体的・能動的
企業のマーケティングアプローチの違い	基本概念	適合	関係性構築
	アプローチ形態	マネジリアル・マーケティング	リレーションシップ・マーケティング

2. マーケティング研究におけるライフスタイル概念導入の背景とその概念とは

　「ライフスタイル概念」はマーケティング研究において1960年から議論されるようになり[4]，①消費者行動の新しい説明モデルを求める動き，②市場細分化のより有効な基準への期待，③社会的傾向あるいは生活意識動向の予測，④「生活」発想による商品開発およびマーケティング戦略立案のための思考枠組み，といった背景から注目されることとなった。そして現在，「消費者」から「生活者」へ消費の基点が変容するにつれ，ライフスタイルは単に生活者を分類・識別するための属性としてのみではなく，生活者の生活自体を規定する要因として捉えることが重要視されるようになっている。

　ではライフスタイルとはどのように定義される概念であろうか。そもそもライフスタイル研究は，社会学および心理学で既に研究されていた内容をマーケティング研究に移入するかたちで議論がなされるようになった。そのためライフスタイル概念は，心理学的な視点である“個人”を対象にした視点とともに，社会学的な視点である“集団”を内包することとなり，その結果，研究者の立場によって様々な議論がなされ，その定義も多種多様存在する[5]。しかしそれ

らの議論には，「ライフスタイルとは態度や行動（消費含む）を規定する様式である」という共通の含意が存在する。

　心理学および社会学，そして初期のマーケティングの文脈におけるライフスタイル研究を整理概観した井関（1979）は，ライフスタイルを「生活課題の解決および充足の仕方」[6]と定義する。そして彼はその定義をさらに7つの視点から議論している。つまり，①生活者の維持と発展のための生活課題を解決し，充足する過程で，②みずからの独自な欲求性向から動機づけられ，③みずからの価値態度，生活目標，生活設計によって方向づけられ，④外社会（企業，政府，地域社会など）が供給する財・サービス，情報，機会を選択的に採用，組み合わせ，⑤社会・文化的な制度的枠組からの制約のなかで，⑥日々，週，月，年あるいは一生のサイクルを通して，能動的，主体的に設計し，発展させていく，⑦生活意識と生活構造と生活行動の三つの次元から構成されるパターン化したシステム，の7つである[7]。

　ここでいう「生活課題」とは，所得の確保，生活資源の入手，偶発的な事態への対処といったものや，生活目標の設定やそれに対する資源配分，自身のライフスタイルを実現するためにそれに関わる諸要素を調整・統合すること，さらに生活資源がライフスタイルに合致するように修正・加工する行動などを指す[8]。

　また「生活意識」とは，主体が客観的・実在的な生活環境に対して持つ，「主観的な知覚や認知」を中核とした，価値意識，生活目標，消費・購買意識，集団・階層準拠，期待とアスピレーション水準などの心理的要素の集合体を意味するものである[9]。つまり，生活者が意思決定をする際の参照点となる価値意識を指す概念である。

　加えて「生活構造」は，継続的に行われる，比較的安定的で客観的な観察が可能な，生活習慣や家族・世帯内の役割や影響力の構造などを含む，生活の根幹となる生活様式を意味する。より具体的にいうならば，財や資産の保有のパターンをはじめ，生活習慣や消費習慣などを含む概念として位置づけられている[10]。

　そして「生活行動」とは，「生活意識」に基づき，「生活構造」からの制約を受け顕在化する行動を意味する。すなわち，ライフスタイルに規定された消費

行動や購買行動 [11] といった消費者行動を指す。

3. 消費者行動とライフスタイルの関係

　では具体的にライフスタイルと消費者行動はどのような関係があるのであろうか。本稿では，引き続き井関（1979）の研究を踏襲し，彼のライフスタイルと消費者行動の関係を明示した概念モデルを用いて，それらの関係を説明する（図 11-1）。

図 11-1　ライフスタイルと消費者行動の関係 [12]

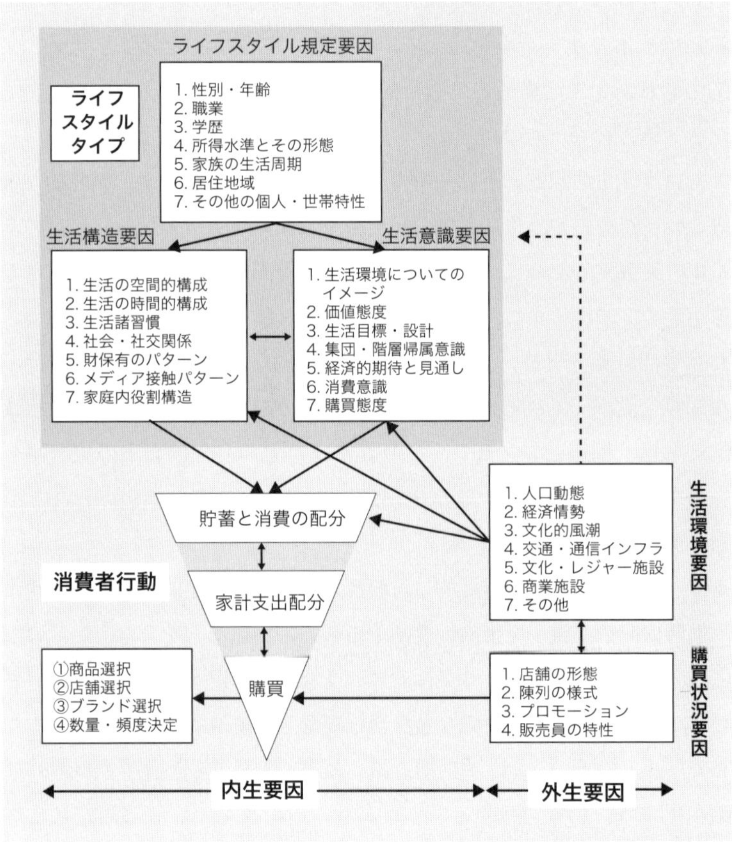

このモデルにあるように，主体となる生活者の消費者行動は，主に人口統計的要因から構成される「ライフスタイル規定要因」，および先述した「生活構造要因」と「生活意識要因」から成るライフスタイルタイプによって規定される。加えて，人口動態や経済情勢，さらに文化などの，生活者を取り巻く「生活環境要因」が消費行動に，また購買時においては特に店舗の形態や陳列などの「購買状況要因」が購買行動に作用する。つまり生活者は，自身が長年の生活において蓄積した内生要因を基盤に，外生要因からの影響を受けるかたちで消費を遂行する。

本書において最も注目すべき点は，外生要因から内生要因への作用，つまり購買状況要因が購買行動に作用する点とともに，生活環境要因がライフスタイルタイプに作用する点である [13]。マーケターは，ライフスタイルを基盤とするマーケティングを実施する際に，生活者の内生要因の把握だけでなく，この2点を考慮することが望まれる。具体的には，良い店舗設計（形態や陳列など）をすることで生活者の購買行動を刺激すること，もしくは新たな商業施設の開発やライフスタイルを含む新たな価値観としての文化提案を通じて生活環境要因を変化させることなどが挙げられる。

そしてこの時重要となるのが，企業と消費主体となる生活者，主体となる生活者とその他の生活者，さらに企業と主体となる生活者を取り巻くその他の生活者間に良好な関係を構築・維持する，リレーションシップ・マーケティングの活用である。その構築された関係性において，主体間が互いにインタラクション（相互作用）しライフスタイルを形成するよう，企業はそれらの関係性をマネジメントしなければならない。

本章の第5節では，ライフスタイル消費を喚起するための関係性がどのような要因から構成され，さらにどう関係するのかブランド・コミュニティの視座から議論する。加えて第6節では，実際マーケターが生活環境要因および購買状況要因マネジメントすることで，どのように生活者との良い関係を構築しているのか，株式会社ボーネルンド社の事例を用い議論する。

その前段階として次節では，より消費者行動とライフスタイルの関係を理解

148

するため，ライフスタイル概念と近似的な概念であるライフサイクルおよびライフコースに関して説明し，それらとライフスタイルの違いを明示する。さらに，ライフスタイル研究の主要領域である，消費者セグメントのための分析手法であるライフスタイル・アプローチに関しても紹介する。

4. ライフスタイルと近似的な概念（ライフサイクルとライフコース）およびライフスタイル・アプローチとは

表 11-2　消費者の生活に着目したアプローチの違い [14]

	ライフサイクル・アプローチ	ライフスタイル・アプローチ	ライフコース・アプローチ
概要	家族ライフスタイル上のステージとそこでの生活構造の共通性に着目して消費行動を分析	価値意識の違いを反映した生活スタイルに着目して消費者行動を分析	ライフイベントでの選択によって生じるライフコースの違いに着目して消費行動を分析
前提	独身…結婚…出産…といった典型的なコース，単純型のライフサイクルを想定	価値意識等によって生産行動・消費行動を説明する類型化が可能	ライフイベント選択によって生活行動・消費行動を説明するライフコースの類型化が可能
特徴	生活構造の集約的標識	生活意識の集約的標識	生活構造（・生活意識）の集約的標識
分析単位	家族	個人	個人

　消費者行動において，消費者の生活に着目した代表的な研究アプローチが3つ存在する（表11-2）。ひとつは，消費者を，人口統計的要因とともにその人生のステージ（ライフステージ）ごとに消費者を分類しようとする，ライフサイクル・アプローチである。ライフサイクル・アプローチでは，主に生活構造に着目し，消費者が人生を通じて辿るであろう，「独身段階」，「新婚段階」，「満杯の巣」，「空の巣」そして「老齢単身段階」からなるライフサイクルのどこに位置づけられるかで，市場を細分化しようと試みた [15]。つまり，ライフサイクル・アプローチとは，ライフスタイル規定要因はもちろん，どのような生活の空間的構成や時間的構成を形成するのかを，加齢に伴う普遍的な消費者イメージを基点として区分しようとする手法である。

　ひとつは，本章の議論の中心に鎮座するライフスタイルを基盤とする，ライ

フスタイル・アプローチである。ライフスタイルは前節までで議論したように，主に生活意識と生活構造から規定される生活者の態度および消費者行動を指す。1980 年代に盛んに議論されたライフスタイル・アプローチは，人口統計的要因やそれまでの心理学的要因だけでは当時の消費者を十分に捉えきれないとし，生活意識の違いに着目することで新たな市場セグメント軸を検討しようとする試行において誕生した手法である。

　このアプローチでは，どのようなものに消費者は価値があると知覚するのか，また評価するのかなど，その生活意識の違いから市場を区分する。代表的なライフスタイル・アプローチの尺度には，「どのようなこと（仕事，趣味，娯楽等）に時間を使っているか」という活動（Activities），「どのようなこと（仕事，趣味，娯楽等）に興味・関心をもっているのか」という興味（Interests），「様々な出来事をどう感じているか」という意見（Opinions）の 3 つの視点から消費者を分類しようとする AIO[16] や，VALS（Value of Lifestyles）[17]，そして LOV（List of Values）[18] といった，市場細分化のための分類軸を検討する研究領域が存在する。

　そしてひとつは，ライフコース・アプローチである。ライフコースとは，「人生の道筋・軌跡」を意味し，「個人が一生の間に辿る道筋（人生行路）」と定義される[19]。このライフコース・アプローチは先述のライフサイクル・アプローチを拡張するかたちで誕生した。

　ライフサイクル・アプローチとの違いは，ライフコース・アプローチは，「独身段階」から「老齢単身段階」までの一貫した人生行路ひとつのみで消費者を区分するのではなく，人生を進めるうえで，ライフイベント（就職，結婚，出産など）ごとにどのような人生の岐路を選択したのかに着目し，その選択された岐路の違いから消費者を区分しようと試みた点である。現在のように様々な生活意識が受け入れられる時代に入り，生活者の生活構造が多様化・個人化するような環境において，マーケターが市場細分化するうえでひとつの重要な指針となるアプローチと位置づけられている。

　これら 3 つのアプローチは，主に市場細分化のための分類軸を検討する目的で議論がなされてきた。近年のように価値観が多様化・個人化した市場におい

て，人口統計的要因や心理学的要因のみでは捉えきれない生活者の動態を把握するための指針，あるいは尺度としてとても有益なアプローチであるといえる。しかしその一方で，これらのアプローチは，先述したようなライフスタイルの全貌を十分に議論しているとはいえない。なぜならそれらは，生活者の内生要因がどのような要因から形成されているのかのみに焦点を当てたものであり，外生要因によってそれらがどのように変容しうるかを対象としていないからである。

5. ライフスタイル消費を喚起するリレーションシップ・マーケティングのあり方：ブランド・コミュニティからの考察

ではライフスタイル，そして消費者行動に作用するようなマーケティングとはどのようなものであろうか。本節では，第6章で提示したブランド・リレーションシップの拡張概念である，ブランド・コミュニティを用い，生活者のライフスタイルに作用する関係性の実態を紹介する。

マックアレキサンダー等（2002）は，ブランド・コミュニティの関係性に関して，ムニス & オ・グイン（2001）が提示したようなブランドを介した顧客間関係ではなく，中核的顧客（Focal Customer）を中心とした，ブランド，製品，顧客，マーケターの関係性から構成されるものであるとし，顧客基点型ブランド・コミュニティの重要性を示唆する(図11-2)。彼らはJeepのオーナー

図11-2 顧客基点型ブランド・コミュニティの関係性[20]

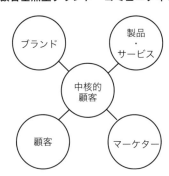

を対象に，そのブランドの交流イベントを通じた経験がどのように生活者に作用するかを検討した。

　調査の結果，イベントを通じて得た体験的な出来事や，自身のそれまでのJeep に関わる経験を共有するというような顧客間の交流が，顧客間の関係性の向上のみならず，製品自体や Jeep ブランド，そしてその提供企業であるFord のブランド価値に対して良い影響を与えていることが明らかになった。

　ライフスタイルの視座において，マックアレキサンダー等（2002）の研究結果に関して最も注目すべき点は，マーケターが交流イベントを開催し中核顧客が機能するようマネジメントしたことで，生活者に Jeep に関わる文化的風潮（生活環境要因）を再認識・（認識）促進させ，その結果彼らの生活意識要因に良い影響を与えたことであろう。そしてこの時，当該マーケターが実施したマーケティングこそリレーションシップ・マーケティングであり，この事案では，顧客間の関係性を促進し，結果自社ブランドの向上を導く，中核顧客が集まる「場（Place）」を提供したことが戦略の要となっていた。

　実際，マックアレキサンダー等（2002）が「（Jeep の）ブランド・コミュニティが長期的な価値を向上できたのは，一時的にある場所に（顧客を）集めたこととイベントの文脈的豊かさによって質の高い関係性がもたらされた結果による」[21]と述べているように，単に要因間の関係性をマネジメントするのではなく，それを醸成あるいは支援する「場」をマネジメントしたことが評価されている。このことからも，自社製品やブランドの価値を強化あるいは形成するためのライフスタイル消費を喚起するリレーションシップ・マーケティングを実施する上で，要因間のネットワークとそれの基盤となる場（場が持つ資産や場のイメージ）がそれぞれ相互作用するようなマネジメントが重要であるといえよう（図 11-3）。

　加えて，ライフスタイル基点のマーケティングにおいては，第 2 節で述べたように，「生活環境要因」だけでなく，店舗の形態や陳列などの「購買状況要因」をマネジメントする必要がある。

　次節では，「生活環境要因」と「購買状況要因」をマネジメントすることで，

152

顧客との良好な関係性を築こうとするリレーションシップ・マーケティングの
あり様を，玩具ブランドであるボーネルンド社の事例を用いて紹介する。

図11-3　顧客基点型ブランド・コミュニティの関係性

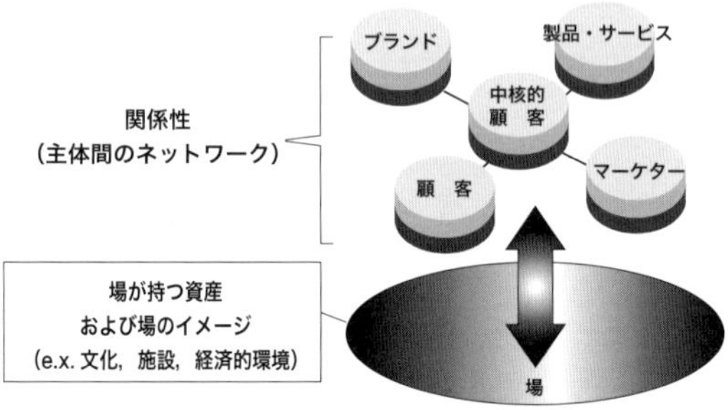

6.　事例：ボーネルンド社の取組み

(1) ボーネルンド社の変遷[22]

　株式会社ボーネルンド社は，「遊ぶことは生きること」を経営理念とし，大
型遊具や知育玩具の輸入，製造，卸売，小売を主たる業務とする企業である。
幼稚園や保育園向けの遊具（屋外用木製遊具）を輸入販売するかたちで1977
年に業務を開始する[23]。

　社名である「ボーネルンド」，デンマーク語で「こども（Børne）の森（Lund）」
が意味するよう，また先述の経営理念にも明示されているように，その創業の
背景には，「子供の成長を念頭に置いた遊具や玩具の開発が重要である」との
想いが存在する。

　その後，卸売業として玩具の取り扱いも開始し，1986年には，子供にとっ
て本当に価値のある遊び道具を追求したい，またその魅力や遊び方を伝えたい
という想いから，初の直営店を大阪心斎橋に出店する。そしてその出店が契機
となり，後に全国の百貨店内に直営店を展開することとなった。さらに1999
年には，高齢者・障碍者のためのユニバーサル・プレイシング（シルバー遊具）

商品の開発を開始，2001 年には原宿に路面店を出店することで若い世代の生活者の認知獲得を試みるなど，顧客の拡大を図った。

翌 2002 年には，北九州市の要請により，「ヨーロッパフェア遊びの価値と環境デザイン展」の企画展を拡大・延長するかたちで，北九州市小倉駅前にあるアジア太平洋インポートマート（AIM）において期間限定の屋内遊び場「あそびのせかい」の企画運営に同社は携わった。この「あそびのせかい」は，運動，砂場やままごとなど多様な遊びが可能な施設となっており，7,000㎡という世界最大級広さとなるものであった。この催しの期間終了までの 1 年 8 ヵ月間の入場者数は，最終的には 66 万人程度を記録することとなる。この成功が後に，他の行政からの要請を誘致し，その後総数 21 ヵ所の「あそびのせかい」を開催すること [24] や，自社企画運営の遊び場「キドキド」，「プレイヴィル（PlayVille）」，「ボーネルンド トット・ガーデン」の展開，さらにその経験を生かした売場づくりへと繋がっていく。

また同時期に，同社の媒体である『あそびのもり』を刷新し，育児事情，玩具の教育効果（教育学），栄養学，体育理論といった子供の育成に関わる情報誌の役割を担うものとしてリポジショニングすることなどを含め，それまで以上にボーネルンド社は，社会的文脈の中で「遊び」と「育児」との関係性を訴求することを中核事業とする事業体へとその歩みを進めることとなる。

そして 2004 年には，ボーネルンドの直営店に併設するかたちで，屋内の遊び場である「キドキド」を横浜みなとみらいに開設した。「キドキド」の特筆すべき特徴のひとつは，ただ遊具や玩具があるだけでなく，遊びのプロである「プレイリーダー」が常時待機しサービスを提供している点である。また対象となる子供の発育段階や遊びの形態（スタイル）によって，提供するサービスを区分している点もその特徴として挙げられる。具体的に「キドキド」は，6 ～ 18 ヵ月を対象とした「ベビーガーデン」，知覚遊び（考える遊び）を提供する「ディスカバリータウン」，そして運動遊びを提供する「アクティブオーシャン」から構成されている。この「キドキド」はもちろん子供を行動主体とする施設であるが，プレイリーダーによる子育てに関わるレクチャーや子供との体

験を通じて，彼らの保護者も「遊び」に関して学ぶ体験の場となっている。

「あそびのせかい」や「キドキド」の成功を受け，2006 年にはトヨタのショールームにおける子供用遊び場の企画や，2007 年には群馬県前橋市の前橋プラザ元気 21 の再生事業への参画するといった公共の子育て支援施設に関する開発活動への協力，さらに立教女学院小学校の校庭リニューアルに関わる設計のプロデュースおよび遊具・玩具の提供，2011 年には東日本大震災の被災地支援を目的に開設された「ペップキッズこおりやま」の開設に寄与するなど，商品を販売するだけに留まらず，子供の「遊び」を中心に据え，その主体となる子供とそれに関わる大人が交流する（関係性を持つ）「場」を提供する事業にさらに従事することとなった。また同時に同社は，保育園や病院の待合室といった子供が集まる「場」に，自社の取り扱い遊具や玩具を提供する事業も実施している。

加えて，ボーネルンド社ではその売場づくりにおいても関係性を重要視したマーケティングが採用されている。例えば同社の売場では，カウンセリング販売が行われており，インストラクターと呼ばれる販売員が，使用主体である子供の発育に応じた玩具を，購入者に対してコンサルティングするというかたちの接客を行う。その際インストラクターは，「遊びのカルテ」という顧客カルテを作成し，それに準じて，発育段階や趣向にあった商品を提案する。

これらの取り組みの結果，ボーネルンド社は創業以来基本的には年々増収傾向にあり，現在では約 63 億円の売上[25] を獲得している。現在も蔦屋書店や蔦屋家電などの，先駆的な商業施設において直営店を展開するなど，さらなる躍進が期待されている。

(2) ボーネルンド社のライフスタイル基点のリレーションシップ・マーケティングとは

上述のように，遊びの環境づくりと遊び場の運営，つまり「場」の形成と運営に長けたボーネルンド社であるが，そのようなライフスタイル基点のリレーションシップ・マーケティングを実行することでどのように消費者行動に作用

第 11 章　ライフスタイル消費とリレーションシップ　*155*

したのか，本章の締めくくりとして「生活環境要因」と「購買状況要因」の視点から説明する。

　まず「購買状況要因」に関して，ボーネルンド社は，自社の直営店において，製品・サービス（図 11-3 のマーケターおよび製品・サービスに該当）の提供のみならず，インストラクターと顧客（中核的顧客および顧客に該当）がインタラクションするような接客を推進している。また，店舗の敷地面積にその大きさは準ずるが店ごとに遊び場を設けており，店舗内では使用主体となる子供達が実際の商品（ブランドおよび製品・サービスに該当）で遊ぶことができるようになっている。さらに彼らが取り扱う商品（ブランドおよび製品・サービスに該当）も，「おもちゃは子どもの成長のための道具」という観点からマーチャンダイジングされており，基本子供の発育段階や目的に応じたものである。これらの要因を複合的に活用することで，同社は生活者の購買に作用することが可能となる。

　他方，「生活環境要因」に関して，同社は「あそびのせかい」や「キドキド」をはじめとする遊び場の企画運営や，『あそびのもり』をはじめとする媒体の制作と配布，教育機関や医療機関との協働による遊び場や玩具の提供などを通じて，「遊び」と「育児」との関係性とその重要性を提起することで，生活者の「生活意識要因」に作用し，子供の「遊び」に対する意識の変革を試みている。前項で述べたように，この取組は，業界を越えて，多くの地方自治体や事業体から支持を得ていることや，その動員数から鑑みても，広く浸透しつつあるといえよう。確かに「生活環境要因」から「生活意識要因」への作用は，「購買状況要因」よりもその成果がなかなか企業の業績に結び付きづらいというデメリットを内包するものである。しかしながら，長期的な経営戦略の視点において，そのような生活者の内生要因の形成に大きく寄与するようなリレーションシップ・マーケティングを行使することが，近年のようなコモディティ化が進む市場への対応策として重要となってきている。

　以上のようにボーネルンド社のリレーションシップ・マーケティングを概観すると，購買前の段階で顧客とのインタラクションを通じ新たな文化の形成を促すことや，さらにそれによって店舗へ来店した生活者と売場においてもイン

156

タラクションすることが重要であることがわかる。またそのためにはまず，生活者との関係構築のための，あるいは交流のための「場」が重要であるといえる。今後，多くの企業にとって同社の取り組みがひとつの経営の指針となることは間違いないであろう。

注

1) 生活者に関する説明は，圓丸（2014）を一部加筆・修正したものである（詳しくは，岡山武史編著『リレーションシップ・マーケティング—インタラクション志向の関係性—』，五絃舎，2014 年，132-134 頁を参照のこと）。
2) 圓丸（2014）同上書，133 頁より。
3) 圓丸（2014）同上書，133 頁より（一部加筆・修正）。
4) マーケティング研究におけるライフスタイル研究は 1980 年代をピークに議論がなされないようになっていった。その理由は，ライフスタイル分析が人々の行動の規定諸要因および諸プロセスを相互に関連させ，そして統合するために見取り図として役に立ってきたものの，分析として十分な結果を得ることができなかったためである。加えて，ライフスタイル概念自体に関しても，様々な議論がなされることで，研究者の立場によって概念の相違が見られるようになり，統一的な視点や定義が欠如してしまったことも理由として挙げられる（詳しくは，圓丸哲麻，『ライフスタイル研究における規範概念の位置づけに関する研究—男性ファッションの変容からの考察—』，関西学院大学，2011，および圓丸 2014，同上書，127-143 頁を参照のこと）。
5) 井関（1979, p.15）は，ライフスタイルを議論する際，個人，家族あるいは世帯，集団，階層，社会のどのレベルに準拠点を置いているかを明らかにする必要があると指摘する。詳しくは村田昭治，井関利明，川勝久 編著『ライフスタイル全書：理論・技法・応用』ダイヤモンド社，1979 年，15 頁参照のこと。
6) 井関（1979），同上書，16 頁より。
7) 詳しくは，井関（1979），同上書，15-16 頁を参照のこと。
8) 井関（1979），同上書，23 頁より。
9) 井関（1979），同上書，24 頁より。
10) 詳しくは，井関（1979），同上書，23-25 頁を参照のこと。
11) 消費行動とは，「生活行動の中で，とくに所得配分に関わる行動」を指す。具体的には，消費と貯蓄の選択，費目別支出配分などが相当する。一方，購買行動とは，「消費行動での支出配分を受け，製品・サービスを具体的に調達する行動」を指す。（詳しくは，青木 2010，池尾恭一，青木幸弘，南知恵子，井上哲浩『マーケティング』，有斐閣，2010，114 頁を参照のこと）。
12) 井関（1979），村田昭治，井関利明，川勝久編著『ライフスタイル全書：理論・技法・応用』ダイヤモンド社，1979，27 頁を一部加筆・修正。
13) 井関（1979）のモデルでは，生活環境要因は，購買状況要因とライフスタイル規

第 11 章　ライフスタイル消費とリレーションシップ　*157*

定要因に対して一方的な影響をするものとして明示されている。本著では，購買状況
要因が生活環境要因と相互作用すること，更に生活環境要因がライフスタイルに関わ
る諸要因すべてに影響する概念として位置づける。(詳しくは，同上書，27 頁を参照
のこと)。

14) 青木 (2010)，池尾恭一，青木幸弘，南知恵子，井上哲浩『マーケティング』，有斐閣，
2010 年，123 頁より。

15) 詳しくは，青木 (2010)，同上書，119 頁を参照のこと。

16) 青木 (2010)，同上書，119 頁より。

17) VALS は，心理学者のマズローが提唱した欲求階層理論や社会学者のリースマンの
性格類型論などの様々な社会科学研究を網羅する形で開発されたライススタイル類型
である。それは大きく 4 つのグループ (欲求追随群，外部志向群，内部志向群，統
合群) を持ち，さらに 9 つの類型 (生存者，受難者型，帰属者型，競争者型，達成者型，
私は私型，試行者型，社会意識型，統合型) に分類される (詳しくは，飽戸 1986 飽
戸弘，『新しい消費者のパラダイム』，中央経済社，1986 年，36-38 頁，および青木
(2010)，同上書，120 頁を参照のこと)。

18) LOV は，「帰属意識」，「人生の楽しみや喜び」，「他人との温かい関係」，「充足感」，「他
人からの尊敬」，「興奮」，「達成感」，「安心感」，「自尊心」の 9 つの類型を持つ (詳しくは，
青木 (2010)，同上書，120 頁を参照のこと。)。

19) 青木 (2010)，同上書，120 頁より。

20) McAlexander et al.(2002)，McAlexander James H.，John W. Schouten.，and
Harold F. Koeing，"Building Brand Communituy"，*Journal of Marketing*，vol.2，
January，2002，pp.38-54，39 頁より。

21) 詳しくは，McAlexander et al. (2002)，同上書，43 頁参照のこと。原文は "This
increased sense of community longevity appeared to be a direct result of the
qualities of relationships facilitated by the temporary geographic concentration
and the contextual richness of the events"。

22) ボーネルンド社公式サイト内「HISTORY」(https://www.bornelund.co.jp/com-
pany/history.html) 掲載内容および，インタビュー内容 (2015 年 10 月 7 日) を基
に記述。

23) 詳しくは，同社公式サイト (https://www.bornelund.co.jp/) 参照のこと。

24) 2018 年 2 月 15 日現在。

25) 2018 年 8 月 6 日現在。

第12章 価値観創造とリレーションシップ

1. リレーションシップ・マーケティングと価値観創造

　これまでの章では，リレーションシップ・マーケティングに関して多側面的な視点から見てきた。リレーションシップ・マーケティングの究極的な目的は，顧客や従業員，取引企業，社会といった企業の存在を支える関係者（ステークホルダー）との長期的な関係や絆を構築し，またその関係性から互いの成長を促し，その関係性におけるインタラクションから価値観を創造していくことである。リレーションシップ・マーケティングでは，顧客や利害関係者との関係性と価値観の創造や成長を重視し，時に短期的な利益を捨て，長期的な視点で関係性を育成することを目的とする。

　なぜ短期的利益よりも長期的な関係性を重視するのか。関係性に関して，顧客や取引企業，従業員について自社の短期的な利益を得ることのみを目的とすることはやや偏狭である。より長期的な視野に立つ企業は，偶然のきっかけや一見小さいと見られる関係性に関しても大切にする。関係性は時としてより企業が成長していくためのアイデアや事業の種となるきっかけを与えてくれる。また関係性は企業とその関係者とのインタラクション（対話）によって，共に成長し，感化し合う関係性に発展していく。また企業の事業の成長に深く関わるエヴァンジェリスト（伝道者）を育成することにも繋がる。関係性とは戦略的に発展させるものであるというよりも，互いにインタラクションを通じて成長をしていく上で深まっていき，構築されるものであると考えることができる。

　本章では，リレーションシップを通じた価値共創を超えて，価値観創造について見ていく。また，その価値観の一部である地域貢献（社会貢献）やCSR，

160

CSV についても触れていく。

2. インタラクションと価値共創

(1) インタラクション（対話）の重要性

　インタラクション（対話）とは，関係性に関わる当事者たちが自分自身の考え方を持ちながら，互いに対話を行い相手の影響を受け，お互いに考え（アイデア）を深め合うことであった。

　リレーションシップ・マーケティングの最も重要な側面として，関係性における対話を通じて，互いの価値観に影響を与え合い，価値観を創造していくことである。まずそこで重要となるのは対話を行う者が常に相手の価値観を受け入れ，自身の価値観と対話できる柔軟性が必要である。

　ここでの対話は主に社内の従業員，企業に関わるあらゆる企業外の関係者との対話が考えられる。サービス・マーケティングでは現場を担う従業員が部分的にマーケターとしての役割を担うと考えられている。彼らの責任や役割の重要性は日に日に高まっている。こうした現場を担う従業員においても，企業の方針や理念を伝えるだけでなく，価値観学習を行うことで企業の成長力をより高めることができるようになる。企業の価値観へ共感し，自身のより高い価値観を創造できた従業員は，顧客の声により敏感で，その解釈に関してもブレがない。また長期的視野に立った視点をもち，自律的に状況を把握した行動ができるようになる。こうした従業員は，正しい方法で顧客とより良い関係を築き，企業の長期的視点に共感を示すことができる。これが本当の意味でのより長期的な企業の成長と長期継続的価値を構築することにつながっていく。

(2) 目的の進化

　出会いやきっかけはどのような形であれ，関係性は開始される。関係性が開始されるとより互いの信頼やコミットメントが高まり，時にコンフリクトが生まれる。こうした関係性のインタラクションを通じて互いに成長を試みようと

第 12 章　価値観創造とリレーションシップ　*161*

努力を続ける。関係性の広がりとともに，注目されるのが，目的の進化である。人々は当初ある目的や価値観をもって，行動したり，日々の業務に取り組んでいる。また人々は仕事だけではなく家庭では父や母という役割を担っているかもしれない。その目的や価値観とは自身ではある程度認識しているものではあるが，より客観的な視点から眺めることが非常に難しいものである。こうした目的や価値観に影響を与え，より成長させるものは，人との出会い，インタラクション，価値観教育と創造である。人は目的と価値観の成長・進化によって物事の捉え方や世の中の見方を変えることができる。

　より価値のある他人との出会いとインタラクションは，自身の価値観の進化に対して影響を与える。まず自身の考え（アイデア，悩みなど）を相手に聞いてもらうことができる。そのコミュニケーションにおいて自身の価値観がどのように見られているか，受け入れられるかを実際に感じることができる。こうした人との出会いによって，自身の問題が解決されたり，目的を段階的に進化させることに繋がる。人は自身の問題が解決され，目的を進化させることができると，自身の経験や価値を通じてまた他の人の役に立ちたいと考えたり，関係性の輪を広げ，世の中を良くするために貢献することの重要性に気づくようになる。また自身の経験を補うために知識の習得を深め，より向上心を持って取り組むようになる。

　インタラクションと価値観の成長によって見られる最も大きな変化は，目的の進化である。目的の進化とは，当初自身の問題やある視野に立って行動していたが，さまざまな人との出会いやインタラクションを通じてより拡張された目的意識に広がっていくことである。例えば，当初は自身のためにやっていたことが，自身だけでなく他人のために役立つこと，他人の家庭の平穏を祈ること，自社の事業を通じて子供たちの教育に貢献することなどの大切さに気づくのである。当初会社のためだけに考えていたことが，より良い社会をつくることに影響を与え，人々のより良い生活や暮らしに影響を与えることの偉大さを認識するようになる。価値観の成長，目的の進化を通じて「社会の幸福」を得るのである。

162

(3) エヴァンジェリスト（伝道者）の育成

エヴァンジェリストとは，伝え導いてく人である。宗教的世界で使用される概念である。エヴァンジェリストは企業の理念や価値観を他人に正しく伝え，またより成長をさせて行く上でも大きな役割を担う。特に企業経営者が示す方向性を理解しており，経営者が変わったとしても方向性や価値観をうまく次の世代へと継承していく者である。そのため，エヴァンジェリストは現在の企業の方向性への深い理解と同時に，次世代へ変化対応させる柔軟性を持つ長期的視野，という2つを持ち合わせていることが理想である。

エヴァンジェリストは企業の経営者と考えや行動の側面でも非常に近い位置に存在し，行動を実践する。理想的には経営者がいない，もしくは経営者が変わったとしても正しくその企業の方向性を示すことができ，他の社員を導くことができる人物である。

ここで東大阪市のダスキン中央のハーティの事例から見ることにしたい。

3. ダスキン中央 「ハーティ」の事例

東大阪にあるダスキン中央（DCI: Duskin Chuo Inc.）では，ハーティさん (Heartful,Hearty, ハートフルが語源：商品・サービスと共に"心・想いを届ける"という意味で名付けられたお客様係）という人たちが働いている。その中での逸話である。

A氏は一軒家を購入した際，母親の薦めでダスキンのフロアモップの使用を始めた。また，A氏の夫は重度のアトピー性皮膚炎を患い，痒みのため体を掻く時に生じる剥がれた皮膚が床に散乱し，舞い散る状態であった。日に何度も掃除をしなければならないため，心身共に疲労困憊していた。ある時，フロアモップに加えて（特殊パイル構造とアレル物質吸着剤加工がされた）スタイルハンディ・シュシュと呼ばれるハンディタイプのモップを試してみたところ，紙モップとは異なり，エアコンのフィルターなどの高所の掃除の時にモップに付着した埃が顔に落ちてくるということがなかった。さらには，アレル物質対応であ

るモップの安全性と機能性に加えて，掃除機を出してくる手間暇も省けることから，これまでの掃除による心身の負担を大幅に低減させた。その後，スタイルクリーナー（電気塵取機）の使用も開始しより効率良く効果的な掃除の方法へと進化させて行った。

　その後，子供の成長や家族の変化に従い，A氏は仕事を少しずつ始めたいと考えるようになった。ダスキン中央（DCI）は「主婦中心の働きやすい環境である。」とダスキンのマネージャーであり，友人であるB氏より聞き，DCIの面接を受けた。環境アレルギーコンサルタントでもある中島社長から「ホコリを舞い上げない」正しい掃除の方法等を聞いた。その後，アレルギー予防の基本知識を学べるアレルギーバスターズジャパン®（ABJ: Allergy Busters Japan）の研修[1]を受講した。

　「ホコリを舞い上げない正しい掃除方法」の実践を始めてから3ヶ月後，床には皮膚による白い粉も無くなった。さらには，驚くべきことに夫の背中の一部の皮膚が綺麗になった。A氏は，これらの体験を通してこれまでの考え方や生き方に大きな変化をもたらしていった。家族が重度のアトピー性皮膚炎であるということは本来隠しておきたいことではあるが，A氏は敢えてこの体験を通じて気づいたことを伝えていきたいと考えた。同じようにアレルギー疾患によって苦悩する人に何かお役に立ちたいという思いからである。まずは，DCIに在籍する100名を超えるハーティさんの前で自身の過去の苦労や，DCIに出逢ってからの新しい自分の体験を語った。その話はハーティさんを通してアレルギーで悩む多くの人たちに希望を与えた。

　この出来事はDCIにも多くの影響や効果をもたらした。まずアレルギー撲滅を掲げるDCIの1つの成功事例としてのストーリーができたこと。また，企業及び社長が掲げる社会教育活動を行なっているABJとしての考え方や価値観を体現し，実際に推進するための伝道者（エヴァンジェリスト）であるスタッフとしてA氏を育成できたことである。

　リレーションシップ・マーケティングの1つの醍醐味としては，インタラクションを通じて教育的効果や気づきを与え合う関係性の輪を広げ，それぞれ

の目的を進化させるきっかけをつくることができることである。DCI の中島
社長が考えていた，当初掃除を通しての社会貢献という目的は，顧客や社員と
のインタラクションを通じて，アレルギー対策，それによる家庭の平穏，家族
の絆づくり，さらには掃除を通した教育や躾の向上，いじめの減少など，当初
は想定していなかったであろうより具体的かつ，高次元のレベルへと，インタ
ラクションを通じて広がり，進化している。

4. 地域貢献，CSR，CSV

　ここでは主に社外との関係性を構築し，これらを通じてお互いの価値観を創
造すること。またより良い社会に向けて企業の目的を進化させ，社会貢献とビ
ジネスの関係性を捉えていく。そこからリレーションシップの広がりと目的の
進化，社会貢献（人材育成）がいかに交差するのかを考える。

（1）地域貢献（社会貢献）

　地域貢献とは，企業や関連工場や店舗が存在する地域に対して，企業が行う
ビジネスや奉仕活動，寄付を通じて貢献することである。地域貢献は，より地
域社会のために役立つ活動であり，理想としては自社のビジネスとの関連性が
あり，また自社の目的や価値観に沿った活動で貢献できることである。そのた
めには，社内の従業員の理解の促進や価値観の共有，前節の目的の進化が必要
であり，エヴァンジェリストはこうした社内における模範的な先導者の役割を
担う。地域貢献は地域社会に溶け込み，融合することによって地域との良好な
関係性を育み，協力的・支援的な関係性を構築，強化することに繋がる。現代
ではこうした地域コミュニティに企業が認められてヒジネスを行うことの重要
性が認識されるようになった。

（2）CSR

　企業は自社の活動が社会に対する影響を自覚し，社会の一員としての責務を

第 12 章　価値観創造とリレーションシップ　*165*

果たさなければならない。企業がこうした社会に対してさまざまな影響力を持つことによって社会における多くの側面での責任を負うという企業の社会的責任（CSR:Corporate Social Responsibility）という概念が重視されるようになった[2]。現在社会において，企業が関係する問題として地球環境問題，社会の持続可能性，貧困，格差などがあり，多くの企業がこうした問題の一部を解決することを考えている。

　またフィランソロピー（慈善行為，寄付など）という行動も存在する。フィランソロピーは，基本的に自社の利益を顧みず行われる行為であるが，顧客や従業員，社会に対して企業のイメージや評判を高めることを目的とする企業も多く見られる。

(3) CSV 理論

　ポーターとクラマーは CSR に関してあまりに部分的で，事業と戦略に無関係なものが多く，企業が社会に貢献するチャンスを限定していると批判する[3]。こうした活動をよりビジネスチャンスとして生かしたり，競争優位につなげることが必要であると述べる。彼らは現代の CSR を受動的 CSR と戦略的 CSR とに分類した。社会的関心や善良な企業市民としての活動に取り組むための受動的 CSR ではなく，社会と企業の両者にユニークかつインパクトの大きいメリットをもたらす活動に集中して取り組む戦略的 CSR が重要であり，ここで企業と社会の両方が共有できる価値を共通価値（shared value）と名付けた。すなわち共通価値の創造（CSV:Creating Shared Value）[4]とは，社会のニーズや問題に取り組むことで社会的価値を創造し，その結果として経済的価値が創造されるという流れになる。

　以上，地域貢献，CSR，CSV について見てきたが，依然として我が国の企業では無償の奉仕活動や教育活動を重視する考え方が根付いている。こうした損して得をとるというような考え方よりも，より長期的に自社の活動が事実としてより社会に必要とされ，社会の発展や改善に影響力を与える企業，尊敬に

値する企業として自社のあり方を高めていくことである。自社の信念をもった活動がやがて社会を変え，社会を動かしていくことにつながる，そのための一歩として自社ができることを社会に問いかけ，一歩一歩世の中を動かそうとする信念を持つ企業経営者の本来の意味での社会起業家的精神である。

5. 長期的ビジョンの実現，ダスキン中央・アレルギーバスターズジャパン® の挑戦

ここで再びダスキン中央（DCI）およびアレルギーバスターズジャパン®（ABJ）に関して見ることによって，企業の意志とビジョンによって長期的に社会に貢献し，影響を与えていく挑戦を追っていくことにしたい。

創業50周年を迎えた2010年11月，ダスキンの老舗フランチャイズ（FC）加盟店であるダスキン中央（DCI）は「アレルギー対策企業」として社会に貢献していく旨の決意宣言をした。それから約5年後の2015年に一つの衝撃的な事件が起きる。それは，ダスキン本部（DHQ: Duskin Headquarters）による床掃除用「お掃除ロボット」の販売を開始するという突然の政策発表であった。DCIを含むこれまでFC加盟店の多くが，「お掃除ロボットの”害”」を伝えてきたにも関わらずである[5]。そして多くの加盟店やハーティさんが現場で異を唱えている中，2015年11月〜2016年5月末に関東（群馬エリア）で販売テスト，2016年9月〜東京・北関東・南関東で地域販売開始，そして遂に2017年4月以降に全国（その他6地域）での販売が始まった。

アレルギーバスターズジャパン®（ABJ）認定の「アレルギーバスターズ5級〜1級」資格習得プログラムの教育を受けたハーティさんたちは，健康のためのお掃除「目に見えないハウスダストの”害”」「掃除機，お掃除ロボットの”害”」を知り，使命観を持ってそれらの情報を顧客に伝えてきていた。お掃除ロボットは目に見える汚れ，ゴミや髪の毛は除去できても，ダニの糞や死骸が乾燥し粉砕されたミクロ単位のハウスダストまでは除去できないどころか，撒き散らす。そのため彼女達には今回の「お掃除ロボット販売開始」の意

味が理解できなかった。そのような彼女達の「不信や動揺」に対してDHQは，お掃除ロボット販売のメリットをあらゆるデータ等を駆使しその政策の正当性を繰り返し説明した。

お掃除ロボットを購入する動機は掃除が嫌いであったり面倒であるという理由から，お掃除ロボットを買う場合がほとんどである。そのような掃除が苦手な人は片付け（収納・オーガナイジング）も苦手である。片付かないということは，床に物が多すぎてお掃除ロボットも床を走ることはなく，やがて使われることもなくなり，ホコリを被って家の隅に置かれることになる。ハーティさん達はその様な状態の家庭を既に多く目撃していたという。さらには，インターネットをはじめ，あらゆる情報ツールや口コミ等による情報収集によって「"お掃除ロボットは見えないほこりを撒き散らす害のある"機械であり，期待したほどの商品ではない。」「お掃除ロボットは一度は購入したが，結局はほとんど使用せず，ダスキンのモップと電気塵取り機による掃除方法に戻っている顧客が少なくない。」と彼女達は言う。

加えてダスキンのお掃除関連商品のレンタルサービスのメリットは本来，汚れたモップ，マット，フィルター等をそれぞれ新しいものに替えてくれるというものであった。今回のダスキンのお掃除ロボットのレンタルサービスには，その様なメリットはない。その都度，ゴミを捨てたり，クリーニングブラシに付着した髪の毛などの除去等の日常のメンテナンスは全て自身で行わなければいけない。その事を踏まえた場合，レンタルお掃除ロボットとレンタルモップの両方の商品（DHQが推奨するセット販売）は割高となり，これらを購入する購買者は余りいないであろうと彼女達は推測していた。故に現場の彼女達から見たDHQによる今回のお掃除ロボット販売は長続きしないという判断を下していた。「DHQのお掃除ロボット販売開始の告知よりも遥か前に，私達ハーティによって市場調査は終わっていた。」とハーティさん達は語る。

アレルギー疾患対策としての「健康」と「掃除」についての社会教育活動は，

2010 年頃から全国の有志の加盟店オーナーや，ハーティさん，DHQ の当時のスーパーバイザー他，少数ではあったが使命観を共有する賛同者と共に社内・社外で継続的に行われてきた。それらのメンバーの努力が実ったとも言える，2015 年秋頃に制作・放映されたテレビ CM は，これまでの短期的売上を狙ったそれではなく，長期の顧客とのリレーションシップを生み出す可能性のある「健康」と「掃除」を全面に出して訴求したものであった。その名もいわゆる”健康おそうじ CM「アレル物質抑制」編と「舞い上げない」編”というタイトル通りの内容で現場をしっかりと後押しする内容であった。熱心にその活動を進めてきた店では当時の主力商品であるベーシックスリー（B3:Basic Three，フロアモップのララ，ハンディモップのシュシュ，電気塵取機のスタイルクリーナーの 3 つのハウダストを管理するツールのセット）の成長率が二桁を超えて行った [6]。喜びも束の間，半年程（2016 年 9 月〜2017 年 3 月）でそのテレビ CM が打ち切られた。その広告の中止やお掃除ロボットの全国販売開始（2017 年 4 月〜）との因果関係は全国的なデータによって明らかにはされていないが，関東，関西の個店やエリア単位では，翌年，翌々年と主力商品 B3 の売上”成長率”は，前年を割って行った。

DCI の中島社長は，まずは自社の求心力を高める必要があるという問題意識を持った。全てのステークホルダーが一堂に会し，まずは，自社の構成員がチーム全体としての「使命と目的」を本人のみならず，彼らを支えている家族，親戚，友人，お客様，アウトソーシング先，仕入先等々と共に共有することが必要と考えた。熟慮の末，地域最大 1500 人収容のイベントホールでのイベント開催を決定した。イベント当日から遡って 3 カ月余りの 2017 年 12 月 5 日の事であった。イベントのテーマは 5 年前よりダスキン中央のモットーとして掲げてきた「未来の子供達の健康と家族の絆」である。

このテーマの背景には，ハウスダストが原因でのアレルギーに苦しむ子供達をこれ以上作らない，そのための安全な環境を作るのだという意志があった。

また，これまで多くのアトピーの重症患者達に環境アレルギーに関するアドバイスやサポートをしてきた中で「家族の絆」こそが最も大切であるという確信もそこに含まれていた。今回のイベントへの出演や地域での告知活動に協力してもらうために，中島社長個人やDCIの社内スタッフはそれぞれが持つ人的ネットワークに働きかけた。そして，地元で長年奉仕活動を行なって来た弦楽団，音劇団，キッズダンスチーム，地元高校の和太鼓部らが，イベントの趣旨に賛同し，告知活動についてもそれぞれの人脈を通じて協力してくれることとなった。イベントの午前中をそれらの団体による"芸術イベント"として観客に楽しんでもらう"プレイベント"という位置付けにした。それ以降直ちにそれらの団体代表との打ち合わせや，各団体それぞれの練習が毎週のように重ねられた。そして迎えた，イベント当日の前半プログラムにて，それらの芸術パフォーマンスが多くの観衆の心を魅了し，感動の渦を巻き起こした。

　イベント後半のメインプログラムの最初には「おそうじ教室」が行われた。地元の小学生28人が大ホールのステージに上がり，掃除の意味と掃除道具の使い方を実践を交えて学んだ。いわゆる「出前授業」と言われる学校教育支援活動のデモンストレーションである[7]。全国の公立小学校で行なわれているこのCSR活動である出前授業を今回のメインイベントで見てもらいたいと提案したのは2人の小学生を持つマネージャー兼ハーティさんのC氏であった。彼女は出前授業でアシスタントを務めてきており，彼女自身の子供が通う地元の小学校では，全員の児童が2年連続で受講していた。その効果と影響は小学校内のみならず，彼女自身を含む他の児童の多くの家庭にも良い影響を与えていることを知っていた。DCIの使命と目的をステークホルダーに知ってもらうためには，これは外せないと実際に授業を実施してきたC氏は強く思ったという。ステークホルダーにとって，出前授業を実際に見るという経験は，その社会的意味と価値を具体的に知る希少な機会となった。DCIがこの活動に積極的に取り組む理由は，単なるCSRのためのCSRではない。出前授業の中に含まれている「目に見えない汚れ（ハウスダスト）の害」についての情報を「一人でも多くの小学校の児童に伝えることで，児童自身や周りの人々の身

体（健康）を一生守って行って欲しい」という願いがある。これまで重度のアトピー患者らの苦しみや悲しみを見てきたことや，これ以上日本の子供達がアレルギー疾患にならないようにしたいと言う強い思いがそこに存在しているからなのである。結果として，アレルギー疾患の著しい増加という社会問題を未然に解決しつつ，未来の顧客を同時に創造するという CSV（共通価値の創造）への挑戦と言える。

　DCI の 50 周年イベントでも行われた，「お掃除今昔物語（過去・現在・これからの正しいお掃除）」の教育的寸劇が今回も 4 人の社内スタッフによって行われた。過去，日本ではお茶がらや，濡れ新聞を千切ったものを床に撒き，ほうきでホコリを搦めとるようにして，ハウスダストを舞い上げないように掃除する掃除文化が存在した。そして 1950 年代以降，カーペットの飛躍的普及と同時に掃除機による掃除の方法が各家庭に伝播した。しかしながら，現代の住居ではカーペットではなくフローリングが増え，掃除機はむしろ床の埃を排気により舞上げてしまう。ダスキンモップは過去の茶殻や濡れ新聞の使用の代わりに，抗菌・防カビ剤，防カビ剤，アレル物質（ダニのフン・花粉）の活動を抑制する独自の吸着剤が含まれており，昔の茶殻や濡れ新聞紙以上の機能と利便性を兼ね備えている。ちなみに最先端のアトピー治療現場ではダニの住処となるカーペットと同時に掃除機の病室内での使用は禁止されているが，ダスキンモップによる掃除方法であれば，患者にも安全かつ安心であるとして，アトピー患者自身によるダスキンモップの室内使用は許可されている。

　上記の様な内容を含んだ教育的寸劇の後，「”健康”おそうじ講座」としてDCI の中島社長による，「特殊なライト，レーザー光線を使った可視化システムによる見えないホコリの映像」を使い，各種掃除機と室内環境への影響についての講義が行われた。例えばお掃除ロボットについては，出生から 1 歳までに暴露したハウスダストの数によって喘息の発症率が決まることが医学的にわかっている。お掃除ロボットを買って環境の準備を整えたつもりになっても，赤ん坊が稼働中のお掃除ロボットの後ろや，ロボットが撒き散らした目に見え

ないハウスダストの上を這い回ったりしたら，この赤ん坊には多大な悪影響を及ぼす。一方で，高機能（高級）掃除機の場合，排気は技術により綺麗にはなっていても，掃除機本体から出る吸引力と比例した勢いのある排気によって床や空気中のハウスダスト（花粉・カビ・ウィルス・細菌等）を舞い上げてしまい，それを赤ん坊や子供，大人が吸い込んでしまうという問題がある。ペットボトル実験の映像では，用意された2つのペットボトルの中に掃除機で採集したゴミと，ダスキンモップによるゴミをそれぞれに入れて上下に振った場合，前者のペットボトルの中は真っ白になるが，後者は透明なペットボトルのままだというデモの様子を最後に映写した。日本で普及している魔法瓶住宅と言われる気密性の高い住環境でこれらの間違った掃除のやり方をやるとどういうことになるかという実験である。その他米国の一流の医師達と彼らの日米の医療チーム，個々のアトピー患者達とのインタラクションから学んだ情報や同社ホームページでも示されているアレルギー対策4つのポイント等についての講義が行われた。

　その後に行われた「収納（オーガナイジング）」についての講座を担当したD氏との出逢いは，朝のテレビ番組に出演している所を中島社長が偶然見たことにある。この出逢いは東京・品川で行われた1回目の打ち合わせ時に，単なる偶然ではなく運命的であったことが打合せ時に判明する。なぜならこの講師自身が「アトピー性皮膚炎と重度の喘息」に小学生の頃から苦しんでいた当事者であるということをD氏から聞かされたからである。お互いの問題意識が「正しい掃除とは何か？」「正しい掃除の普及」「アレルギー疾患の予防，アドバイス，サポートの必要性」というような点で完全に一致していた。D氏自身も重度の喘息で入院を繰り返し，アレルギー疾患を過去患ってきたが，医師から喘息予備軍と診断を受けた子供を持つ母としても，彼女は多くの「環境アレルギー」に関することや「正しい掃除のあり方」他多くを中島社長から聞きたかった。打合せ時に彼女が持つ質問・疑問に一つ一つ答えることができたが，それらを含めてさらなる彼女が抱く質問・疑問については今回のイベントの最

後のプログラムであるアレルギーバスターズジャパン®＆ダスキン中央提供の地域ラジオ番組・FMちゃお"住まいと健康"の「特別公開収録」を兼ねた対談（トークショー）の中で答えることとした。

　当日，D氏は来場者を代表して一般に理解されているアトピー性皮膚炎や喘息，花粉症といったハウスダスト由来のアレルギー疾患と正しい掃除や予防のあり方について多くの質問を中島社長に投げかけた。例えば，彼女は当時重症化していた自身のアトピーについて，他の条件は何も変わらないのに急に症状が良くなった時期があったが，どうして良くなったのか人に聞かれても明確には答えられなかったという。中島社長は環境アレルギーコンサルタントの立場から，それらの主に非医療分野の疑問・質問に対しての回答と，その背景について一つ一つ丁寧に答えていった。その背景と根拠にはこれまでの間アトピー性皮膚炎の重症患者にアドバイスやサポートを非医療の環境面から医療チームと協働でコンサルティングを行ってきた経験と確信，そして医療チームが保証する科学的根拠（エヴィデンス）があった。この内容は，来場者や地元のFMちゃおのリスナーに対してのみではなく，インターネットを通じて広く配信された。DCIの全てのステークホルダーが一堂に会し，自社の「使命と目的」をできるだけ多くのステークホルダーと確認するという当初の趣旨は，これら様々な要素が含まれた有機的イベントによってそれぞれに伝えられた。イベントによる予期せぬ産物は，ステージ上で様々なパフォーマンスを披露した各種地元団体の構成メンバーや，高校の教員・生徒達をはじめ，これまでDCIを継続的にサポートしてきたコミュニティラジオ局スタッフ，地元の大学教員や学生達他等，新旧のステークホルダーとの幅がさらに広がり，絆が深くなった事であった。下記のような各団体代表からのメッセージ（抜粋）がイベント後，寄せられた。

　・・・昔と今のお掃除の在り方というところから拝見し，講演もトークショーも聞かせてもらい，大変参考になりましたし，中島さん

第12章　価値観創造とリレーションシップ　*173*

の実行力や，お仕事の偉大さに心から感服いたしました。・・・

E 氏

　・・・社長さんの心意気・熱き想い・思い遣りの心が沢山の方々の心を
も動かしていたんだなと感じました。私もその1人で，社長さんの熱い
想いの一ファンです。今回感じた事ですが，一参加者ではなく，その日だ
けダスキンファミリーの一員として，イベントを成功させ，1人でも多く
の皆様にお越し頂きたいという思いが大変強くありました。人の気持ちや
心が結集すると，とんでもない大きなものが生まれると信じております。
そんな場に参加させて頂きました事，心から御礼申し上げます。出前授業
に参加させて頂いた娘は，帰宅してから直ぐ，教わった事を息子に話して
おりました！私も無知で無駄なお掃除をしていたんだと反省しました。本
当に沢山の真心と，沢山の愛をありがとうございました。・・・

F 氏

　地元に長年根ざし，多くのファンを持ち，地域に良い影響を与え続けている
これらの団体と短期間ではあったが，インタラクションを通じて新たなリレー
ションシップの構築ができた。そしてこれは主催者のみならず，出演者，パ
フォーマー，このイベントに関わった多くのステークホルダーの中からDCI・
ABJが推奨するライフスタイルや，家の環境改善をする人々が自然な流れの
中で生まれてきている。加えて，イベント成功までの協働が，新たな勇気や希
望，誇り，地元への愛など，有形無形な共通の価値を生んだ。イベントからし
ばらく経過した2018年6月8日，今度は少数の人を集めての「第1回ダスキ
ン中央ファンの集い」という，膝と膝を付き合わせての「人と人とのつながり」
を大切に育む取り組みが始まった。今度は大ホールではなく小さなテーブルを
囲んで，ファン同士が，インタラクションを重ねながら楽しく学び合うという
ものである。その他にもファンと観光地を巡りながらのファンの集いなど，そ

れぞれの参加者が自身のお気に入りや愛するダスキンの商品やサービス，より健康で幸せなライフスタイルについて熱心に語りあう，新たな人の輪が広がりつつある．

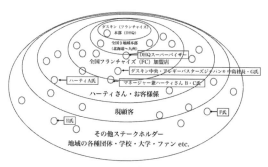

ステークホルダーの構図 1
全体の中に部分
ダスキン中央・アレギーバスターズジャパン®は
全体である全てのステークホルダーの中の部分である

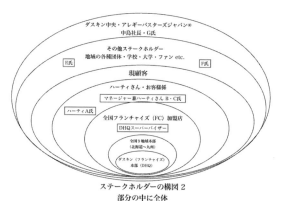

ステークホルダーの構図 2
部分の中に全体
ダスキン中央・アレギーバスターズジャパン®
（もしくは部分である，それぞれのステークホルダー）の中に
全体である全てのステークホルダーが存在している

第 12 章　価値観創造とリレーションシップ　175

社会と企業間でのCSV活動の構図
ダスキン中央・アレルギーバスターズジャパン®と地域社会

6.　価値観学習と実践

(1) 価値観学習とは

　価値観学習とは,「思考性に関わる普遍的な基本学習」であり，より的確なインタラクションやインターナル・マーケティングを進める上で重要である。その理由は，自身の価値観を高めたり，より高次元の価値観の共有ということなしに，真の信頼関係を育むことは難しく，また，本当の意味での個人の成長，組織の成長，さらなる抜本的なイノベーションは見込めないからである。日々存在する問題への解決を考えるということには，当事者意識（自分ごと化）が不可欠である。当事者意識を持つには従来の知識や技術一辺倒の学習では不可能であり，問題解決のプロセスに必要不可欠な「価値観」をテーマにした学習が必要なのである。

(2) ダスキン中央の価値観学習

　ダスキン中央（DCI）のリレーションシップの基礎づくりには，価値観学習

の重視という点が着目される。DCI の中島社長自身も 20 年以上価値観学習を行い続け，さまざまな出会いに支えられた中で現在ではアレルギーバスターズジャパン ® の活動を通してアレルギー疾患対策基本法で掲げられている各団体，各国民が責務とされている社会問題の 1 つの解決策の提示とその事による社会貢献を目指している。一方で，個人や組織で価値観学習を長期間継続し，それに関わる社外・社内の研修より，もたらされるものに，各個人や組織全体の目的やビジョン，そしてそこから生まれる「使命観」がある。又，価値観学習による「当事者意識」と「使命観」を持つことができ積極的に行動実践する社員には，それ相応の地位と裁量権が与えられる。DCI の人事教育担当者である G 氏も価値観学習を行なってきた一人であり，実は彼女も元々は前述のA 氏と同じく，お客様からはじまり，ハーティ，社員，中間管理職を経て，現在幹部へと上昇した人材である。

　DCI 社員の G 氏は，最近行なった個人のビジョン（目的）策定合宿で自身の「これまでの価値観の変化」を振り返ってこう語っている。

　相手を恨みながら生きていく事をせずに，自分の責任を自覚して前を向いて生きてこれたのは価値観の歪みを目の当たりにするきっかけがあり，その意味を価値観学習で少なからず自分を説得できる物差しを見つける事が出来たからです。

　しかし当初は，他の人を批判「もっとこうしてくれたら・・」とか「あの人のせいで・・・」とか環境や人のせいにしてばかりでした。

　そこには自分は正しい，間違っていないという前提があり，この考え方のみに支配されていました。
　主体性のない利己的な自分。深く物を考えず，いかに楽をして幸せに過ごす事ができるかという短絡的な自分でありました。

第12章 価値観創造とリレーションシップ　*177*

　多くの中で出逢いがありましたが人を見極める力，人を信じる力，人を許す力，すべて人間の価値観の力だと思います。

　これまで家庭市場部という，それぞれの年齢も環境も違う主に主婦の方達の中での活動や，ミーティングの中で相談を受ける事が多くありました。その時に相手は自分であると捉え，相手の立場で相手の心に寄り添って素直に聞くということが，少なからず実践できたことも大きな成果だと思います。「何」と出逢うか。出逢いを素直に受けとめ「感謝」できるかが人生を大きく左右するものではないかと思います。「ダスキン中央に出逢った事から全てが変わった。」とG氏は語った。ダスキン中央の価値観学習が今後も期待される。

注

1) インターナル・マーケティング - ダスキン中央のインターナル・マーケティングの事例 - より 岡山武史「サービス・マーケティング・コミュニケーション」松井温文編著『サービスマネジメントの理論と実践』五絃舎，56-58頁。
2) 池尾恭一，青木幸弘，南知恵子，井上哲浩『マーケティング』有斐閣，2010年。
3) マイケル・ポーター，マーク・クラマー（村井裕訳）「競争優位のCSR戦略」『DIAMOND ハーバード・ビジネス・レビュー』2008年1月号，ダイヤモンド社，2008年。
4) マイケル・ポーター，マーク・クラマー（編集部訳）「共通価値の戦略」『DIAMOND ハーバード・ビジネス・レビュー』2011年6月号，ダイヤモンド社，2012年。」
5) 医療法人鉄蕉会　亀田総合病院　亀田俊忠名誉理事長監修 松本忠男著『健康になりたければ家の掃除を変えなさい』扶桑社，2017年14-16頁を参照のこと。
6) インターナル・マーケティング - ダスキン中央のインターナル・マーケティングの事例 - より 岡山武史「サービス・マーケティング・コミュニケーション」松井温文編著『サービスマネジメントの理論と実践』五絃舎，58頁。
7) 株式会社ダスキンお掃除教育研究所監修の学校掃除教育支援活動，経済産業省主催第4回キャリア教育アワード優秀賞2014年，文部科学省主催青少年の体験活動推進企業表彰・審査委員会特別賞2017年をそれぞれ受賞。

執筆者紹介（執筆順。なお＊は編者）

岡山武史＊（おかやま たけし）：第1章・第4章・第5章・第12章執筆
　近畿大学経営学部准教授・博士（商学）

谷内正往（たにうち まさゆき）：第2章執筆
　大阪商業大学総合経営学部准教授・博士（商学）

佐野楓（さの かえで）：第3章執筆
　和歌山大学観光学部准教授・博士（商学）

羽藤雅彦（はとう まさひこ）：第6章執筆
　流通科学大学商学部准教授・博士（商学）

柳偉達（りゅう いたつ）：第7章執筆
　近畿大学短期大学部講師・博士（商学）

中川和亮（なかがわ かずあき）：第8章執筆
　関西学院大学社会学部，大阪産業大学人間環境学部，丹波市立看護専門学校非常勤講師

山﨑方義（やまさき まさよし）：第9章執筆
　愛知産業大学経営学部教授・博士（マネジメント）

地頭所里紗（ぢとうしょりさ）：第10章執筆
　関西外国語大学外国語学部助教
　神戸大学大学院経営学研究科博士後期課程在学中

圓丸哲麻（えんまる てつま）：第11章執筆
　麗澤大学経済学部准教授

中島光隆（なかじま こうりゅう）：第12章執筆
　ダスキン中央代表取締役・MBA（国際経営管理学）

編者紹介

岡山武史（おかやま たけし）
近畿大学経営学部准教授
博士（商学）
2011 年　近畿大学経営学部に着任。
現在マーケティング，チャネル戦略論，リレーションシップ・マーケティングを担当。

リレーションシップ・マーケティング
―サービス・インタラクション―

2014 年 8 月 20 日　　第 I 刷発行
2014 年 10 月 30 日　第 I 版 2 刷発行
2016 年 9 月 20 日　　第 I 版 3 刷発行
2018 年 9 月 28 日　　第 II 版発行

編著者：岡山武史
発行者：長谷 雅春
発行所：株式会社五絃舎
　　　　〒 173-0025　東京都板橋区熊野町 46-7-402
　　　　Tel & Fax：03-3957-5587
　　　　e-mail：h2-c-msa@db3.so-net.ne.jp
組　版：Office Five Strings
印　刷：モリモト印刷
ISBN978-4-86434-089-2
Printed in Japan © 検印省略 2018